Das Leben

Deutsch als Fremdsprache

Testheft

A1

Nelli Pasemann
Gunther Weimann

> **ONLINE-Angebot** Alle **Zusatzmaterialien** online verfügbar unter cornelsen.de/webcodes. **Code: wurezo**

Cornelsen

IMPRESSUM

Das Leben

Deutsch als Fremdsprache
Testheft A1

Im Auftrag des Verlages erarbeitet von Nelli Pasemann und Gunther Weimann

In Zusammenarbeit mit der Redaktion: Andrea Finster sowie Alexandra Lemke
Redaktionsleitung: Gertrud Deutz

Umschlaggestaltung: Rosendahl Berlin, Agentur für Markendesign
Umschlagfoto: Daniel Meyer, Hamburg

Layoutkonzept und technische Umsetzung: Klein & Halm Grafikdesign, Berlin
Illustrationen: Christoph Grundmann
Audios: Clarity Studio, Berlin

Soweit in diesem Lehrwerk Personen fotografisch abgebildet sind und ihnen von der Redaktion fiktive Namen, Berufe, Dialoge und Ähnliches zugeordnet oder diese Personen in bestimmte Kontexte gesetzt werden, dienen diese Zuordnungen und Darstellungen ausschließlich der Veranschaulichung und dem besseren Verständnis des Inhalts.

www.cornelsen.de

Die Webseiten Dritter, deren Internetadressen in diesem Lehrwerk angegeben sind, wurden teilweise von Cornelsen mit fiktiven Inhalten zur Veranschaulichung und/oder Illustration von Aufgabenstellungen und Inhalten erstellt. Alle anderen Webseiten wurden vor Drucklegung sorgfältig geprüft. Der Verlag übernimmt keine Gewähr für die Aktualität und den Inhalt dieser Seiten oder solcher, die mit ihnen verlinkt sind.

1. Auflage, 1. Druck 2020

© 2020 Cornelsen Verlag GmbH, Berlin

Das Werk und seine Teile sind urheberrechtlich geschützt. Jede Nutzung in anderen als den gesetzlich zugelassenen Fällen bedarf der vorherigen schriftlichen Einwilligung des Verlages.
Hinweis zu §§ 60 a, 60 b UrhG: Weder das Werk noch seine Teile dürfen ohne eine solche Einwilligung an Schulen oder in Unterrichts- und Lehrmedien (§ 60 b Abs. 3 UrhG) vervielfältigt, insbesondere kopiert oder eingescannt, verbreitet oder in ein Netzwerk eingestellt oder sonst öffentlich zugänglich gemacht oder wiedergegeben werden. Dies gilt auch für Intranets von Schulen.

Druck: Athesiadruck GmbH

ISBN: 978-3-06-122448-6

PEFC zertifiziert
Dieses Produkt stammt aus nachhaltig bewirtschafteten Wäldern und kontrollierten Quellen.
www.pefc.de

INHALT

Vorwort			5
Test	1	Sommerkurs in Leipzig	8
Test	2	Möller oder Müller?	10
Test	3	Arbeiten im Café	12
Test	4	Lecker essen!	14
Test	5	Hast du Zeit?	16
Test	6	Meine Stadt	18
Test	7	Der neue Job	20
Test	8	Freizeit und Hobbys	22
Einheiten	1–8	Gesamttest	24
Test	9	Zuhause	28
Test	10	Familie Schumann	30
Test	11	Viel Arbeit	32
Test	12	Essen und Trinken	34
Test	13	Fit und gesund	36
Test	14	Voll im Trend	38
Test	15	Jahreszeiten und Feste	40
Test	16	Ab in den Urlaub!	42
Einheiten	9–16	Gesamttest	44

Modelltest Start Deutsch A1	48
Modelltest Antwortbogen	55
Hörtexte	56
Lösungen	64
Trackliste Audios	71
Bildquellenverzeichnis	72

VORWORT

Das Grundstufenlehrwerk *Das Leben* richtet sich an Erwachsene ohne Vorkenntnisse, die im In- und Ausland Deutsch lernen. Es führt in drei Gesamtbänden beziehungsweise sechs Teilbänden zur Niveaustufe B1 des Gemeinsamen europäischen Referenzrahmens.

Das Testheft

stellt zusätzliches Material zur objektiven Evaluierung des Lernfortschritts auf der Niveaustufe A1 bereit. Es enthält 16 Tests, in denen der Lernstoff der einzelnen Einheiten überprüft wird; zwei einheitenübergreifende Gesamttests und einen Modelltest *Start Deutsch 1* zur Prüfungssimulation.

16 Tests beziehen sich auf je eine Kursbucheinheit. Auf je zwei Seiten werden die zentralen Sprachhandlungen der Einheiten 1–16 geprüft. Jeder Test besteht aus den Testteilen Hörverstehen, Wortschatz, Lesen, Grammatik und Schreiben.

Insgesamt können Sie für die erfolgreiche Durchführung eines einheitsbezogenen Tests ca. 30 Minuten einplanen. Die Gesamtpunktzahl beträgt 30 Punkte.

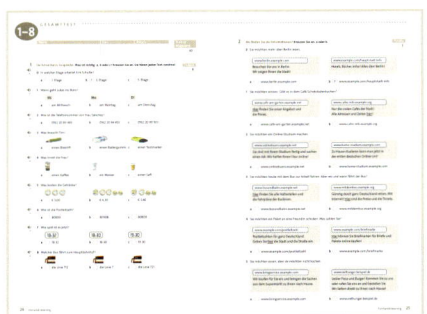

Zwei Gesamttests fassen den Lernstoff der jeweils acht vorangegangenen Einheiten, also von je einem Teilband A1.1 und A1.2 *Das Leben* zusammen. Die vierseitigen Tests prüfen das erworbene Sprachwissen aus den Einheiten 1 bis 8 bzw. 9 bis 16. Die Aufgabenformate orientieren sich an der Aufgabentypologie der Prüfung *Start Deutsch 1*.

Insgesamt benötigen Sie für die Durchführung ca. 60 Minuten. Die Gesamtpunktzahl beträgt 40 Punkte.

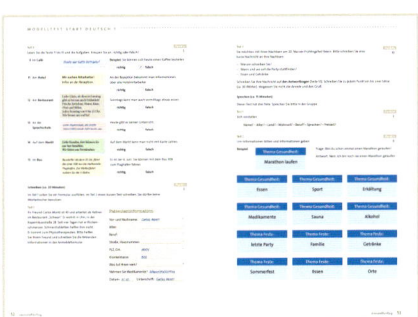

Abschließend bereitet ein Modelltest gezielt auf die Prüfung *Start Deutsch 1* vor. Hier besteht die Möglichkeit, die erworbenen Sprachkenntnisse unter Prüfungsbedingungen zu testen.
Die Prüfung *Start Deutsch 1* besteht aus einer schriftlichen Einzelprüfung und einer mündlichen Gruppenprüfung. Die schriftliche Einzelprüfung setzt sich aus den Testteilen Hören, Lesen und Schreiben zusammen. Dafür stehen 65 Minuten zur Verfügung. Die mündliche Gruppenprüfung führen Sie in ca. 15 Minuten durch.

Hinweise zur Durchführung

Für die Durchführung der Tests werden folgende Zeiten empfohlen:

Tests 1 bis 16	30 Minuten
Gesamttests 1 bis 8 und 9 bis 16	60 Minuten
Modelltest *Start Deutsch 1*	80 Minuten

VORWORT

Testteil Hören

Sämtliche Tests beginnen mit den Aufgaben zum Hörverstehen. Planen Sie ausreichend Zeit ein für das Lesen der Fragen und Aufgaben vor und nach dem Hören. Die Hörtexte sollen in der Regel **zweimal** abgespielt werden. Die Gesamttests und der Modelltest beinhalten jedoch auch Aufgaben, zu denen die Hörtexte (kurze monologische Ansagen) nur **einmal** gehört werden.

Testteil Sprechen im Modelltest

Die mündliche Prüfung im Modelltest *Start Deutsch 1* wird als Gruppenprüfung mit maximal vier Teilnehmenden durchgeführt. Der Testteil Sprechen besteht aus drei Testformen:

Teil 1 – Monologisch: Alle Prüfungsteilnehmenden stellen sich nacheinander vor. Sie können sich an den Stichworten auf dem Aufgabenblatt orientieren.

Teil 2 – Dialogisch: Alle Prüfungsteilnehmenden ziehen jeweils zwei Handlungskarten mit einem Stichwort zu einem Thema. Sie stellen einander reihum Fragen und beantworten sie. Die Dialoge werden in zwei Runden gespielt!

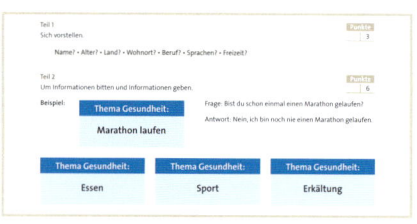

Teil 3 – Dialogisch: Der Ablauf ist derselbe wie in Teil 2 mit dem Unterschied, dass auf den Handlungskarten Alltagsgegenstände abgebildet sind. Die Prüfungsteilnehmenden formulieren reihum Bitten bzw. reagieren darauf. Auch hier werden zwei Runden Bitten und Antworten durchgespielt.

Es empfiehlt sich, jeweils ein Beispiel zu zeigen. Darüber hinaus greifen Deutschlehrende nur ein, wenn die Gespräche für längere Zeit stocken.

Testziele und Lösungen

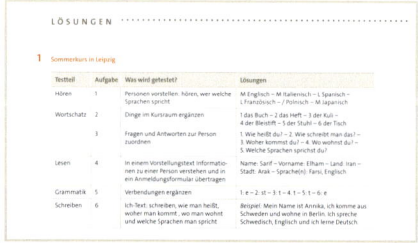

Im Anschluss an die Tests finden Sie die Lösungen sämtlicher Testaufgaben (S. 64–70). Für die Testteile Schreiben und Sprechen sind an dieser Stelle Beispiellösungen vorgegeben.
Ergänzend enthalten die Übersichtstabellen eine Beschreibung der Testziele zu allen Testaufgaben. Die Testziele entsprechen den Lernzielen der Kursbucheinheiten und dienen der gezielten Vorbereitung auf die Tests.

Bewertungen

In den Tests können folgende Gesamtpunktzahlen erreicht werden:

Tests 1 bis 16	30 Punkte
Gesamttests 1 bis 8 und 9 bis 16	40 Punkte
Modelltest *Start Deutsch 1*	60 x 1,66 = 100 Punkte

Für einen gelungenen Test sollten mindestens 60 Prozent der Gesamtpunktzahl erreicht werden.

Einheitsbezogene Tests

Die Tests 1 bis 16 prüfen jeweils gezielt den Lernerfolg einer Einheit. Entsprechend der Lernziele und Schwerpunkte jeder Einheit sind die Testteile unterschiedlich gewichtet.

Im Testteil Schreiben werden kurze E-Mails, Textnachrichten oder Ich-Texte von 3 bis 4 Sätzen verfasst. Für jeden Satz können maximal 2 Punkte erreicht werden.

Alle Tests 1 bis 16 sind bei einem Ergebnis von **mindestens 18 Punkten** (= 60 %) bestanden.

Gesamttests 1 bis 8 und 9 bis 16

Die beiden vierseitigen Tests nach Einheit 8 und Einheit 16 prüfen zusammenfassend den Lernstoff der vorhergegangenen Einheiten in den Fertigkeiten Hören, Sprechen und Schreiben. Dabei ist das Schreiben mit ungefähr 40 Prozent, und das Hören und Lesen mit jeweils ca. 30 Prozent gewichtet.

Die Gesamttests sind bei einem Ergebnis von **mindestens 24 Punkten** (= 60 %) bestanden.

Modelltest *Start Deutsch 1*

Testteil		Punkte	Gesamtpunkte	Gewichtung
Hören	Teil 1 Teil 2 Teil 3	6 4 5	15	25 %
Lesen	Teil 1 Teil 2 Teil 3	5 5 5	15	25 %
Schreiben*	Teil 1 Teil 2	5 10	15	25 %
Sprechen*	Teil 1 Teil 2 Teil 3	3 6 6	15	25 %
Gesamt			60	100 %
Bestanden ab			36	60 %

*Im Testteil Schreiben können folgende Punktzahlen erreicht werden:

Teil 1 – ein Formular ausfüllen: 1 Punkt pro richtig ausgefülltes Feld

Teil 2 – eine Nachricht verfassen: 3 Punkte pro Inhaltspunkt + 1 Punkt für Textsortenspezifik

*Im Testteil Sprechen können die folgenden Punkte in den drei Teilen erreicht werden:

Teil 1 – sich vorstellen: 3 Punkte

Teil 2 – Handlungskarten: 2 Punkte pro Frage, 1 Punkt pro Antwort

Teil 3 – Handlungskarten: 2 Punkte pro Bitte, 1 Punkt pro Reaktion

Transkripte der Hörtexte

Im Anhang des Testheftes finden Sie die Transkripte der Hörtexte (S. 56–63). Die Audiodateien können Sie unter cornelsen.de/webcodes gratis herunterladen. Dazu geben Sie folgenden Code ein: **wurezo**

Wir wünschen Ihnen viel Spaß und Erfolg beim Lernen und Testen mit dem *Das Leben* Testheft A1!

1 SOMMERKURS IN LEIPZIG

Name	Kurs	Datum	Punkte insgesamt
			30

1 Sommerkurs in Leipzig. Wer spricht welche Sprachen? Hören Sie und ordnen Sie zu: Marco (M) oder Leon (L).

Punkte / 4

○ Englisch ○ Italienisch ○ Spanisch
○ Französisch ○ Polnisch ○ Japanisch

2 Wie heißt das auf Deutsch? Schreiben Sie die Antwort.

Punkte / 6

der Bleistift • das Buch • das Heft • der Kuli • der Stuhl • der Tisch

1 das _____
2 _____
3 _____
4 _____
5 _____
6 _____

3 Fragen und Antworten. Schreiben Sie die Fragen.

Punkte / 5

Woher kommst du? • Wie heißt du? • Wo wohnst du? • Welche Sprachen sprichst du? • Wie schreibt man das?

1 _____ ? – Viera Becik.
2 _____ ? – B - E - C - I - K.
3 _____ ? – Aus der Slowakei, aus Nitra.
4 _____ ? – In Frankfurt.
5 _____ ? – Slowakisch und Englisch.

4 Die Anmeldung. Lesen Sie und ergänzen Sie die Informationen.

Punkte | 5

Sommerkurs in Wien

Name: _____ Vorname: _____

Land: _____

Stadt: _____

Sprache(n): _____

Kurs: ◯ Deutsch A1.1   ⊗ Deutsch A1.2

Ich heiße Elham Sarif und komme aus Arak. Das ist im Iran. Meine Muttersprache ist Farsi. Ich spreche auch Englisch. Ich wohne jetzt in Wien und lerne Deutsch.

5 Neue Freunde. Lesen Sie die Dialoge und ergänzen Sie die Verben.

Punkte | 6

A

- Guten Tag. Ich bin Anna. Und wer bist du?
- Hallo, Anna. Ich heiße⁰ Marek. Ich komm___¹ aus Gdansk. Das ist in Polen.
- Oh, aus Gdansk.
- Ja. Ich bin im Deutschkurs. Lern___² du auch Deutsch?
- Ja.
- Toll.

B

- Hallo, ich bin Leon.
- Hallo, Leon. Ich bin Hiromi und das ist Keigo.
- Komm___³ ihr aus Japan?
- Nein, aus den USA.
- Aha, aus den USA. Welche Sprachen sprech___⁴ ihr?
- Keigo sprich___⁵ Japanisch und Englisch und ich sprech___⁶ Französisch und Deutsch.

6 Wer bist du? Lesen Sie die Fragen und schreiben Sie einen Ich-Text.

Punkte | 4

Wie heißen Sie?   *Guten Tag. Mein* _____

Woher kommen Sie?   _____

Wo wohnen Sie?   _____

Welche Sprachen sprechen Sie? _____

2 MÖLLER ODER MÜLLER?

Name	Kurs	Datum	Punkte insgesamt
			30

1 Zahlen verstehen. Was ist richtig: a, b oder c? Kreuzen Sie an. Sie hören jeden Text zweimal.

Punkte 4

1 Die Adresse ist Finkenstraße   **a** ◯ 17.   **b** ◯ 7.   **c** ◯ 70.
2 Die Postleitzahl ist   **a** ◯ 10699.   **b** ◯ 12199.   **c** ◯ 10199.
3 Die Hausnummer ist   **a** ◯ 24.   **b** ◯ 44.   **c** ◯ 4.
4 Die Handynummer ist   **a** ◯ 0162 208 14 30.   **b** ◯ 0162 208 44 53.   **c** ◯ 0162 208 94 65.

2 Zahlen. Ordnen Sie zu. Eine Zahl passt nicht.

Punkte 5

1 zwölf - _____
2 neunzehn - _____
3 neunzig - _____
4 achtundzwanzig - _____
5 zweiundachtzig - _____

82   19   2   28   12   90

3 Ein Brief. Schreiben Sie die Antworten.

Punkte 5

```
Leo Müller
Tietzenweg 4
90409 Nürnberg

                    Carmen Mata
                    Am Wolfsgraben 44
                    12159 Berlin
```

1 Wie heißt die Empfängerin? _____
2 Wie heißen die Städte? _____
3 Was ist die 44? _____
4 Was ist die 12159? _____
5 Und wie heißt der Absender? _____

4 Nachfragen. Was passt zusammen? Verbinden Sie.

1 Entschuldigung, sind Sie Frau Irene Müller?
2 Was haben Sie?
3 Entschuldigung, wo wohnen Sie?
4 Wie ist deine Handynummer? Kannst du sie wiederholen?
5 Wer ist denn das?

a Ja klar, 0162 208 21 48.
b Meine Adresse ist Weberstraße 13.
c Ja, ich heiße Müller. Irene Müller.
d Das ist Susanne.
e Ich habe ein Paket für Sie.

Punkte 5

5 Artikel und Plural. Ergänzen Sie wie im Beispiel.

0 *der* Hund und das sind *Hunde* .

1 _____ Brief und das sind _____ .

2 _____ Briefkasten und das sind _____ .

3 _____ Pakat und das sind _____ .

4 _____ Postkarte und das sind _____ .

5 _____ Haus und das sind _____ .

6 _____ Name und das sind _____ .

Punkte 6

6 Das bin ich. Ergänzen Sie den Steckbrief. Schreiben Sie Sätze.

Name:	*Ich heiße* _____
Land:	_____
Muttersprache:	_____
Adresse:	_____
Handynummer:	_____

Punkte 5

elf **11**

3 ARBEITEN IM CAFÉ

Name	Kurs	Datum	Punkte insgesamt
			30

1 Im Café. Was ist richtig: a oder b? Kreuzen Sie an. Sie hören jeden Text zweimal.

Punkte 4

1 Selma trinkt — a ◯ Apfelsaft. — b ◯ Orangensaft.
2 Karan trinkt lieber — a ◯ Kaffee mit Zucker. — b ◯ Tee mit viel Milch.
3 Die Frau nimmt — a ◯ Cola mit Eis. — b ◯ Cola ohne Eis.
4 Das macht — a ◯ 5,80 Euro. — b ◯ 4,20 Euro.

2 Getränke im Cafe. Was ist das und was braucht Judith? Schreiben Sie.

Punkte 6

1 *Das ist ein* _____ .
2 *Das ist ein* _____ .
3 *Das ist ein* _____ .

Sie braucht _____ .
Sie braucht viel _____ .
Sie braucht _____ .

3 Fragen und Antworten. Was passt: a oder b? Kreuzen Sie an.

Punkte 5

1 Was machst du? — a ◯ Ich arbeite als Kellner. — b ◯ Ich arbeite überall.
2 Warum gehst du ins Café Glück? — a ◯ Der Kaffee ist lecker. — b ◯ Ich mag die Arbeit im Café.
3 Was möchten Sie? — a ◯ Ich nehme Tee. — b ◯ Ich trinke lieber Tee.
4 Was ist das? — a ◯ Das ist eine Limonade. — b ◯ Das ist keine Limonade.
5 Heute ist ein Konzert. Hast du Lust? — a ◯ Bis später. — b ◯ Na klar.

4 Das ist Pavel. Lesen Sie und ergänzen Sie die Verben.   Punkte 4

Ich h*eiße* ⁰ Pavel und w_____ ¹ jetzt in Jena.
Ich s_____ ² Marketing und ich a_____ ³
auch als Kellner in der Kaffeebar *Ella*. Ich m_____ ⁴ meine Arbeit
in der Kaffeebar.

5 Artikel. Lesen Sie den Dialog und kreuzen Sie an.   Punkte 4

💬 Was trinkst du? Ist das ◯ ein / ◯ der¹ Milchkaffee?
💬 Nein, das ist ◯ kein / ◯ mein² Milchkaffee. Das ist ◯ ein / ◯ der³ Cappuccino.
💬 Ist ◯ ein / ◯ der⁴ Cappuccino lecker?
💬 Ja sehr.

6 Eine Nachricht. Lesen Sie und kreuzen Sie an: richtig oder falsch?   Punkte 4

Hallo Judith,
es gibt heute ein Konzert.
Hast du Lust?
Die Band heißt Pink Freud und
kommt aus Polen, aus Danzig.
Die Band ist toll.
Das Konzert ist im Café Wagner.
Die Adresse ist Wagnergasse 26.
Es beginnt um 21:00 Uhr.
Ich habe zwei Karten.
Bis später???
Pavel

	richtig	falsch
1 Die Nachricht ist von Judith.	◯	◯
2 Pavel mag Pink Freud.	◯	◯
3 Pavel hat Karten für das Konzert.	◯	◯
4 Pavel kommt später.	◯	◯

7 Eine Nachricht schreiben. Was antwortet Judith? Schreiben Sie.   Punkte 3

Hey Pavel,

dreizehn **13**

LECKER ESSEN!

Name	Kurs	Datum	Punkte insgesamt
			30

1 Im Restaurant. Was ist richtig: a, b oder c? Kreuzen Sie an. Sie hören den Text zweimal.

Punkte | 4

1 Tari arbeitet ...
  a ○ als Food Bloggerin.
  b ○ als Grafikdesignerin.
  c ○ als Kellnerin.

2 Magnus bestellt ...
  a ○ einen Salat.
  b ○ Sushi.
  c ○ eine Pizza Margherita.

3 Tari bestellt ...
  a ○ einen Hamburger mit Pommes.
  b ○ Schnitzel mit Kartoffelsalat.
  c ○ eine Pizza Margherita.

4 Magnus trinkt ...
  a ○ ein Mineralwasser.
  b ○ einen Apfelsaft.
  c ○ einen Eistee.

2 Magst du ...? Ergänzen Sie.

Punkte | 6

1 *Magst du* _____ ? 3 *Isst du gern* _____ ? 5 *Findest du* _____ *lecker?*

2 *Haben Sie* _____ ? 4 *Isst du gern* _____ ? 6 *Gibt es hier* _____ ?

3 Fragen und Antworten im Restaurant. Was passt zusammen? Verbinden Sie.

Punkte | 5

0 Was möchten Sie? ⋯⋯⋯⋯⋯⋯⋯⋯⋯⋯⋯⋯⋯⋯⋯► a Nein, ich esse kein Fleisch.
1 Was ist das?   b Ich nehme eine Cola.
2 Magst du gern Hähnchen?   c Ich nehme Schnitzel mit Kartoffelsalat.
3 Nimmst du auch eine Suppe?   d Ja, sehr.
4 Ich trinke ein Mineralwasser. Und was trinkst du? e Nein, ich bestelle lieber einen Salat.
5 Ist das Gemüsecurry scharf?   f Das ist eine Kartoffelsuppe.

14 vierzehn

4 Profile. Lesen Sie und kreuzen Sie an: richtig oder falsch?

Hallo, ich bin Lili aus Österreich, aus Linz. Ich studiere Russisch und Englisch in Graz. Ich finde Essen aus Italien super lecker. Ich esse auch gern Hamburger. Aber ich esse nicht gern scharf. Ich liebe auch Kaffee und Schokolade. Ich poste oft Fotos von Essen, aber ich bin keine Food Bloggerin.

Hey, ich bin Niran aus Thailand. Ich bin Student in Berlin und arbeite als Kellner im Café Lux. Ich liebe Essen aus Thailand. Die Gerichte sind oft sehr scharf. Das mag ich. Aber ich mag auch den Kuchen hier im Café Lux sehr. Ich bin Food Blogger und poste viele Fotos von Essen. Das finde ich sehr interessant.

Ich bin Weronika. Ich komme aus Russland und wohne in Berlin. Ich bin Grafikdesignerin und arbeite oft in Cafés. Ich mag Essen aus Indien. Ich esse keine Tiere, auch keinen Fisch. Ich esse gern Gemüse, zum Beispiel Gemüsecurry mit Reis. Ich lese gern Food Blogs, aber ich poste keine Fotos von Essen.

	richtig	falsch
1 Lili und Niran sind Studenten.	○	○
2 Niran und Weronika arbeiten als Kellner.	○	○
3 Lili und Weronika essen vegetarisch.	○	○
4 Lili und Niran essen gern süß.	○	○
5 Lili und Weronika posten gern Fotos von Essen.	○	○

5 Was nimmst du? Ergänzen Sie die Artikel.

1 ● Nimmst du d_as_ Steak?   ● Nein ich esse k_____ Fleisch.
2 ● Was bestellst du?   ● Ich glaube, ich nehme e_____ Salat.
3 ● Findest du d_____ Fisch lecker?   ● Ja, sehr.
4 ● Was isst du?   ● Ich nehme d_____ Tomatensuppe mit Baguette.

6 Ein Foodblog. Sehen Sie das Foto an und schreiben Sie drei Sätze.

Was essen Sie? – Wie ist das Essen?

Mein Foodblog

Hallo Leute!

Ich bin heute im Restaurant Krone. Ich _____

_____

_____

5 HAST DU ZEIT?

Name	Kurs	Datum	Punkte insgesamt
			30

1 Termine. Was ist richtig: a, b oder c? Kreuzen Sie an. Sie hören jeden Text zweimal. **Punkte** 4

06

1 Wann fährt die Linie 19 ab?
   a ○ Um 15:45 Uhr.
   b ○ Um 15:54 Uhr.
   c ○ In neun Minuten.

2 Wann kommt Herr Schmidt?
   a ○ Um halb zwei.
   b ○ Um Viertel nach zwei.
   c ○ Um drei.

3 Wann ist der Friseurtermin von Frank Meyer?
   a ○ Am Mittwochnachmittag.
   b ○ Am Donnerstagvormittag.
   c ○ Am Donnerstagnachmittag.

4 Was macht Pia mit Leoni am Freitag?
   a ○ Sie gehen ins Konzert.
   b ○ Sie spielen Fußball.
   c ○ Sie trinken einen Kaffee.

2 Wie viel Uhr ist es? Verbinden Sie. **Punkte** 5

0 8:56   a Es ist Viertel vor neun.
1 8:45   b Es ist kurz nach neun.
2 8:30   c Es ist Viertel nach neun.
3 9:02   d Es ist kurz vor neun.
4 9:15   e Es ist zehn nach neun.
5 9:10   f Es ist halb neun.

3 Fragen und Antworten. Welche Antwort passt: a oder b? Kreuzen Sie an. **Punkte** 6

1 Entschuldigung, wann fährt die S-Bahn Linie 8 ab?   a ○ In fünf Minuten.   b ○ Es ist 8: 28 Uhr.
2 Ist noch ein Termin frei?   a ○ Ja, prima.   b ○ Ja, morgen.
3 Können Sie am Freitag um 12:00 Uhr?   a ○ Alles klar. Bis später!   b ○ Nein, das geht leider nicht.
4 Ich mache eine Party. Hast du Lust?   a ○ Toll. Um wie viel Uhr?   b ○ Ja, kein Problem.
5 Wann kommst du?   a ○ So um halb zehn.   b ○ Seit halb zehn.
6 Gehen wir heute Abend ins Konzert?   a ○ Wann ist der Termin?   b ○ Super! Wann denn?

4 **Anita lädt ihre Freunde ein.** Lesen Sie die Einladung und die Sätze. Richtig oder falsch? Kreuzen Sie an.

Punkte | 4

Betreff: Party

Hallo ihr Lieben,

ich lade euch ein: am Samstag, um 18:00. Ich wohne in Kreuzberg, in der Schanzenstraße 12.
Da fährt die Buslinie 110.
Ich kaufe die Getränke ein. Ihr bringt das Essen mit: Pizza, Salate, Käse, Kuchen ... Habt ihr Lust?
Ich freue mich!

Liebe Grüße, Anita

	richtig	falsch
1 Die Party ist am Wochenende.	○	○
2 Anita lädt ihre Freunde in ein Restaurant ein.	○	○
3 Die Freunde können mit dem Bus zu Anita fahren.	○	○
4 Die Freunde kaufen die Getränke ein.	○	○

5 **Der Kalender von Roman.** Was macht er wann? Ergänzen Sie die Sätze.

Punkte | 5

Montag	Dienstag	Mittwoch	Donnerstag	Freitag	Samstag
18:00 – 20:00 Fußball spielen	6:00 Uhr aufstehen!!!	am Nachmittag: einkaufen	16:00 Uhr Freunde abholen	am Abend: weggehen	11:00 Uhr frühstücken mit Freunden

0 Am Montag *spielt Roman von 18:00 bis 20:00 Uhr Fußball.*

1 Am Dienstag _____ .

2 Am Mittwoch _____ .

3 Am Donnerstag _____ .

4 Am Freitag _____ .

5 Am Samstag _____ .

6 **Was machen Sie am Wochenende?** Schreiben Sie drei Sätze. Die Wörter helfen.

Punkte | 6

um ... Uhr • von ... Uhr bis ... Uhr • am Vormittag •
am Abend • am Wochenende • am Montag •
am Samstag • am Sonntag

aufstehen • frühstücken • einkaufen •
fernsehen • arbeiten • weggehen •
kochen • einladen

1 _____

2 _____

3 _____

siebzehn **17**

6 MEINE STADT

Name	Kurs	Datum	Punkte insgesamt
			30

1 Verkehrsmittel und Wegbeschreibung. **Was ist richtig: a, b oder c? Kreuzen Sie an. Sie hören jeden Text zweimal.**

Punkte: 4

1 Die Frau fährt mit der … zum Nestroyplatz.
   a ◯ U1
   b ◯ U2
   c ◯ U3

2 Der Mann fährt mit der U2 …
   a ◯ zum Schwedenplatz.
   b ◯ zum Rathaus.
   c ◯ zum Karlsplatz.

3 Das Café Freud ist in der Berggasse …
   a ◯ links.
   b ◯ rechts.
   c ◯ geradeaus.

4 Lea fährt manchmal … zur Arbeit.
   a ◯ mit dem Bus
   b ◯ mit dem Fahrrad
   c ◯ mit der S-Bahn

2 Verkehrsmittel. **Sehen Sie die Bilder an und ergänzen Sie.**

Punkte: 6

Lukas fährt manchmal mit … zur Arbeit.

A dem _____
B dem _____
C dem _____
D der _____
E dem _____

F Aber er geht auch oft _____ .

3 Fragen und Antworten. **Welche Antwort passt: a oder b? Kreuzen Sie an.**

Punkte: 5

1 Entschuldigung, wie komme ich zum Stadtpark?
   a ◯ Sie fahren hier mit der U4. Es sind drei Haltestellen.
   b ◯ Sie fahren mit dem Fahrrad.

2 Entschuldigung, wo ist das Restaurant Roth?
   a ◯ Sie biegen hier links in die Währinger Straße ab. Das Restaurant ist links.
   b ◯ Das Restaurant Roth ist schön und nicht weit.

3 Ist das dein USB-Stick?
   a ◯ Ja, das ist der USB-Stick von Tim.
   b ◯ Ja, das ist mein USB-Stick.

4 Wo warst du am Wochenende?
   a ◯ In Linz.
   b ◯ Aus Linz.

5 Wie kommst du zur Arbeit?
   a ◯ Ich fahre immer mit der U-Bahn weiter.
   b ◯ Ich fahre immer mit der U-Bahn.

4 Eine Wegbeschreibung. Lesen Sie die Nachricht. Welches Bild ist richtig: A oder B? Kreuzen Sie an.

Punkte 2

Vom U-Bahnhof Theaterplatz kommen Sie ganz einfach in die Firma. Gehen Sie links in die Domstraße, dann geradeaus bis zum Park. Biegen Sie dann rechts in die Hauptstraße ab. Nach 300 m sehen Sie das Büro.

A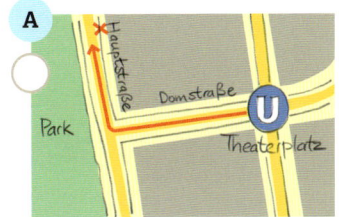

B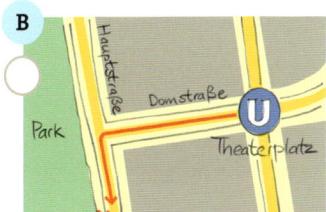

5 Ein Wochenende in Wien. Lesen Sie den Dialog und ergänzen Sie das Verb *sein* im Präteritum.

Punkte 5

- Hallo, Lukas. Wo _____¹ du am Wochenende?
- Ich _____² mit Maria in Wien. Wir _____³ noch nie da.
- Ich auch nicht. Aber meine Freundin _____⁴ schon oft da. Wie _____⁵ es in Wien?
- Absolut klasse.

6 Wem gehört was? Lesen Sie die Dialoge und ergänzen Sie.

Punkte 5

1 - Johanna, ist das *dein*⁰ Fahrrad?
   - Nein, das ist nicht _____¹ Fahrrad. Das ist das Fahrrad von Pia.

2 - Melina und Emma, sind das _____² E-Roller?
   - Ja, das sind _____³ E-Roller.

3 - Ist das die Brille von Florian?
   - Ja, das ist _____⁴ Brille.

4 - Sind das die Schlüssel von Julia?
   - Ja, das sind _____⁵ Schlüssel.

7 Mein Weg zum Deutschkurs. Wie kommen Sie zur Sprachschule? Schreiben Sie drei Sätze.

Punkte 3

Links, rechts, geradeaus / Welche Verkehrsmittel? Wie oft umsteigen? Wo?

1 _____
2 _____
3 _____

neunzehn **19**

7 DER NEUE JOB

Name	Kurs	Datum	Punkte insgesamt
			30

1 Der erste Arbeitstag von Mariana Pontes. Was ist richtig: a, b oder c?
Kreuzen Sie an. Sie hören den Text zweimal.

Punkte | 4

1 Ben Huber arbeitet als ...
   a ◯ Assistent.
   b ◯ Grafikdesigner.
   c ◯ Entwickler.

2 Die Mitarbeiter von Marketing arbeiten ...
   a ◯ in der ersten Etage.
   b ◯ in der zweiten Etage.
   c ◯ im Erdgeschoss.

3 Frau Pontes arbeitet im Büro ...
   a ◯ 245.
   b ◯ 254.
   c ◯ 240.

4 Die Toiletten sind ...
   a ◯ neben dem Kopierraum.
   b ◯ neben dem Fahrstuhl.
   c ◯ neben der Küche.

2 Gegenstände im Büro. Ergänzen Sie.

Punkte | 6

In meinem Büro gibt es ...

A

B

C

eine _____ , _____ , einen _____ ,

D

E

F

eine _____ , _____ , einen _____ .

3 Aufgaben im Beruf. Welches Verb passt? Verbinden Sie.

Punkte | 6

0 Termine   a kopieren
1 Konferenzen   b treffen
2 E-Mails   c schreiben
3 Dokumente   d erklären
4 Fragen   ►   e machen
5 Kunden   f organisieren
6 Ideen   g beantworten

20 zwanzig

4 Eine E-Mail von Lorena. Lesen Sie und kreuzen Sie an: richtig oder falsch?

Punkte 5

Betreff: mein neuer Job

Hallo Anna,

ich bin jetzt schon seit drei Wochen in der Agentur Dreißig. Hier arbeiten fast 50 Mitarbeiterinnen und Mitarbeiter. Das Bürogebäude hat drei Etagen. Mein Büro ist im Erdgeschoss neben der Empfangshalle. Da arbeiten sechs Kolleginnen und Kollegen. Mein Schreibtisch steht vor einem Fenster. Das ist super. Ich bin jeden Tag um halb neun im Büro. Dann lese ich meine E-Mails, telefoniere oder bereite Projekte vor. Ich habe immer viel zu tun. Um Viertel nach zehn trinke ich einen Kaffee mit meinen Kollegen in der Küche. Wir haben auch 30 Minuten Mittagspause. Ich esse fast immer in der Kantine. Ich esse ja kein Fleisch, aber es gibt viele Gerichte mit Reis und Gemüse. Die Salate sind auch sehr lecker. Den Computer schalte ich um Viertel vor fünf aus und dann fahre ich mit dem Rad nach Hause oder treffe Freunde in der Stadt.
Und wie geht es dir? Triffst du noch Markus? ☺

LG Lorena

	richtig	falsch
1 Lorena arbeitet in der Empfangshalle.	○	○
2 Sie hat nicht viel Arbeit.	○	○
3 Sie macht am Vormittag Pause.	○	○
4 Sie isst vegetarisch.	○	○
5 Sie arbeitet jeden Tag bis 16:45 Uhr.	○	○

5 Was ist wo im Büro? Ergänzen Sie die Präpositionen.

Punkte 5

auf • im • neben • unter • zwischen

1 Der Tisch steht _____ dem Regal.
2 Die Pflanze steht _____ dem Tisch.
3 Die Tasche steht _____ dem Tisch.
4 Die Bücher stehen _____ Regal.
5 Das Handy liegt _____ dem Ordner und der Pflanze.

6 Was ist das? Beantworten Sie die Fragen und schreiben Sie zwei Sätze.

Punkte 4

Was ist *Satz & Form* und wo liegt die Firma?

_____

Wie viel Mitarbeiter/innen und Büros gibt es?

_____

Satz & Form
Agentur für Grafik und Design

seit 2005 in München, 8 Büros auf 2 Etagen
1 Konferenzraum für Kunden-Meetings
insgesamt 36 MitarbeiterInnen

FREIZEIT UND HOBBYS

8

Name	Kurs	Datum	Punkte insgesamt
			30

1 **Was kannst du gut?** Hören Sie und notieren Sie: A (Anita) oder P (Paul)? Sie hören den Dialog zweimal.

Punkte | 6

1 Was kann Anita gut und was kann Paul gut?

a ○ klettern   b ○ Fußball spielen   c ○ Tennis spielen

2 Und was kann Anita nicht so gut? Was kann Paul nicht?

a ○ Snowboard fahren   b ○ Ski fahren   c ○ Fußball spielen

2 **Freizeit und Hobbys.** Lesen Sie die Sätze und ordnen Sie die Fotos zu.

Punkte | 5

A   B   C
D   E

1 ○ Jan spielt gern Gitarre.
2 ○ Yusuf geht am Wochenende oft klettern.
3 ○ Justyna fährt gern Ski.
4 ○ Anna und Günther gehen oft tanzen.
5 ○ Ravi und Sarina wandern gern im Sommer.

3 **Das ist Ahmet.** Ergänzen Sie den Text. Ein Wort passt nicht.

Punkte | 5

Eislaufen • Kino • Semester • Sport • Studierende • Tennis

Hallo, ich bin Ahmet. Ich komme aus der Türkei und studiere jetzt im dritten _____[1] Marketing und Germanistik in München. Die Universität München ist 548 Jahre alt. Es gibt hier 50.000 _____[2], aber man kann hier schnell Leute kennenlernen. Ich mache viel _____[3]. Fitness ist für mich wichtig. Im Sommer spiele ich am Wochenende oft _____[4] oder mache mit Freunden Touren mit dem Fahrrad. Und im Winter gehe ich oft _____[5]. Das Angebot hier ist super!

22 zweiundzwanzig

4 *Haben* und *sein* im Präteritum. **Ergänzen Sie.** | Punkte | 4 |

1. ● Wo _warst_ ⁰ du am Wochenende?
   ● Ich _____ ¹ Geburtstag und _____ ² in Berlin. Super!
2. ● _____ ³ du gestern einen Termin in der Agentur SANA?
   ● Ja, mit Frau Krawzow.
3. ● Dein Freund studiert nicht hier?
   ● Doch, im ersten Semester _____ ⁴ er in Stuttgart, aber dort _____ ⁵ er keine Freunde. Jetzt ist er hier.
4. ● Geht ihr heute zum Training?
   ● Nein, wir _____ ⁶ gestern beim Training. Heute haben wir frei.
5. ● _____ ⁷ ihr gestern bei Luisa?
   ● Nein, sie _____ ⁸ leider keine Zeit.

5 *Können.* **Ordnen Sie die Wörter und schreiben Sie Sätze.** | Punkte | 4 |

0. Im Sommer – man – hier – gut – können – klettern.
   Im Sommer kann man hier gut klettern.
1. Martine – sehr gut – können – fotografieren.
2. Ich – morgen – nicht – können – kommen.
3. du – Können – Ski fahren?
4. Wann – Sie – die Präsentation – können – zeigen?

6 **Endlich Wochenende!** Was *können* Sie machen? Schreiben Sie drei Sätze. Die Wörter helfen. | Punkte | 6 |

lange schlafen • Sport machen • Freunde treffen • lange weggehen • einkaufen mit …

1.
2.
3.

GESAMTTEST 1–8

Name	Kurs	Datum	Punkte insgesamt
			40

1 Sie hören kurze Gespräche. **Was ist richtig: a, b oder c? Kreuzen Sie an. Sie hören jeden Text zweimal.**

Punkte / 8

0 In welcher Etage arbeitet Erik Schulte?

- a ◯ 1. Etage
- b ⊗ 3. Etage
- c ◯ 5. Etage

1 Wann geht Lukas ins Büro?

- a ◯ am Mittwoch (Mi)
- b ◯ am Montag (Mo)
- c ◯ am Dienstag (Di)

2 Wie ist die Telefonnummer von Frau Sánchez?

- a ◯ 0162 20 89 465
- b ◯ 0162 20 84 453
- c ◯ 0162 20 90 503

3 Was braucht Tim?

- a ◯ einen Bleistift
- b ◯ einen Radiergummi
- c ◯ einen Textmarker

4 Was trinkt die Frau?

- a ◯ einen Kaffee
- b ◯ ein Wasser
- c ◯ einen Saft

5 Was kosten die Getränke?

- a ◯ € 3,00
- b ◯ € 4,30
- c ◯ € 3,40

6 Wie ist die Postleitzahl?

- a ◯ 80890
- b ◯ 80908
- c ◯ 80809

7 Wie spät ist es jetzt?

- a ◯ 18:32
- b ◯ 18:30
- c ◯ 19:30

8 Welcher Bus fährt zum Hauptbahnhof?

- a ◯ die Linie 712
- b ◯ die Linie 7
- c ◯ die Linie 721

24 vierundzwanzig

2 Wo finden Sie die Informationen? Kreuzen Sie an: a oder b.

Punkte | 5

0 Sie möchten mehr über Berlin lesen.

> www.berlin.example.com
> Besuchen Sie uns in Berlin.
> Wir zeigen Ihnen die Stadt!

> www.example.com/hauptstadt-info
> Hotels, Bücher, Infos! Alles über Berlin!

a ( ) www.berlin.example.com   **b** (X) www.example.com/hauptstadt-info

1 Sie möchten wissen: Gibt es in dem Café Schokoladenkuchen?

> www.cafe-am-garten.example.net
> Hier finden Sie unser Angebot und die Preise.

> www.cafes-info.example.org
> Nur die coolen Cafés der Stadt! Alle Adressen und Zeiten hier!

a ( ) www.cafe-am-garten.example.net   **b** ( ) www.cafes-info.example.org

2 Sie möchten ein Online-Studium machen.

> www.onlinebuero.example.net
> Sie sind mit Ihrem Studium fertig und suchen einen Job. Wir helfen Ihnen! Nur online!

> www.home-studium.example.com
> Zu Hause studieren kann man jetzt an der ersten deutschen Online-Uni!

a ( ) www.onlinebuero.example.net   **b** ( ) www.home-studium.example.com

3 Sie möchten heute mit dem Bus zur Arbeit fahren. Aber wo und wann fährt der Bus?

> www.busundbahn.example.net
> Hier finden Sie alle Haltestellen und die Fahrpläne der Buslinien.

> www.mitdembus.example.org
> Günstig durch ganz Deutschland reisen. Mit Internet! Hier sind die Preise und die Tickets.

a ( ) www.busundbahn.example.net   **b** ( ) www.mitdembus.example.org

4 Sie möchten ein Paket an eine Freundin schicken. Was zahlen Sie?

> www.example.com/postleitzahl
> Postleitzahlen für ganz Deutschland. Geben Sie hier die Stadt und die Straße ein.

> www.example.com/briefmarke
> Hier können Sie Briefmarken für Briefe und Pakete online kaufen!

a ( ) www.example.com/postleitzahl   **b** ( ) www.example.com/briefmarke

5 Sie möchten essen, aber sie möchten nicht kochen.

> www.bringservice.example.com
> Wir kaufen für Sie ein und bringen die Sachen aus dem Supermarkt zu Ihnen nach Hause.

> www.vielhunger.beispiel.de
> Lecker Pizza und Burger! Kommen Sie zu uns oder rufen Sie uns an und bestellen Sie. Wir liefern direkt zu Ihnen nach Hause!

a ( ) www.bringservice.example.com   **b** ( ) www.vielhunger.beispiel.de

fünfundzwanzig 25

GESAMTTEST

3 Meine Stadt. **Lesen Sie den Text und kreuzen Sie an: richtig oder falsch?**

Punkte | 5

Betreff: Meine Stadt!

Hallo Mario,

ich wohne jetzt in Jena! Kennst du die Stadt? Sie liegt in Thüringen, im Zentrum von Deutschland. Jena ist eine Universitätsstadt, hier leben 22.000 Studentinnen und Studenten. Sie studieren an der Friedrich-Schiller Universität und an der Ernst-Abbe-Hochschule. Es gibt hier viele Bars und Clubs. Im Sommer kann man gut wandern, Fahrrad fahren oder in den Botanischen Garten gehen.
Besuchst du mich am Wochenende?

Deine Patrizia

		richtig	falsch
0	Patrizia lebt in Jena.	X	○
1	Jena ist eine Stadt in Tirol.	○	○
2	In Jena gibt es viele Studenten und zwei Universitäten.	○	○
3	Man kann in Jena nicht gut weggehen.	○	○
4	Es gibt schöne Natur.	○	○
5	Patrizia lädt Mario ein.	○	○

4 María aus Spanien. **Lesen Sie den Text und ergänzen Sie das Formular.**

Punkte | 6

Ihre Freundin María Rodríguez Gómez kommt aus Spanien. Sie spricht Spanisch und Englisch, aber nur sehr wenig Deutsch. Jetzt wohnt sie in Köln, in der Theodor-Krug-Straße 45. Die Postleitzahl ist 50674. Sie ist 43 Jahre alt und arbeitet in einer Sprachschule. Sie ist Spanischlehrerin und möchte jetzt Deutsch lernen. Helfen Sie Ihrer Freundin und schreiben Sie die Informationen in das Formular.

Anmeldung

Vorname: _____ 1

Nachname: _____ 2

Muttersprache: _____ 3

Alter: _43_

Adresse
Straße: _____ Hausnummer: _____ 4

PLZ: _____ 5

für: _____ 6 - Kurs A2

5 Ein Brief. Lesen Sie und ergänzen Sie die Adressen. Lesen Sie auch das Formular in Aufgabe 4 noch einmal.

Punkte | 6

María möchte einen Brief schicken. Der Brief ist für ihre Kollegin Sofia Jimenez. Sie wohnt in Münster, in der Schmiedestraße. Die Postleitzahl dort ist 48143 – ach ja, sie wohnt in dem Haus mit der Nummer 5. Können Sie María helfen?

6 Sich vorstellen. Schreiben Sie zu jedem Punkt einen oder zwei Sätze.

Land • Sprachen • Stadt • Hobbys • Essen

Punkte | 10

9 ZUHAUSE

Name	Kurs	Datum	Punkte insgesamt
			30

1 Unsere Wohnung und unsere Möbel. Was ist richtig: a, b oder c? Kreuzen Sie an.

Sie hören den Dialog zweimal.

Punkte 4

1 Die neue Wohnung hat   **a** ○ ein Zimmer.   **b** ○ zwei Zimmer.   **c** ○ drei Zimmer.

2 Das Wohnzimmer ist   **a** ○ zu klein.   **b** ○ sehr groß.   **c** ○ nicht groß.

3 Das Sofa war   **a** ○ günstig.   **b** ○ sehr teuer.   **c** ○ gemütlich.

4 Das Schlafzimmer ist   **a** ○ schön.   **b** ○ sehr hell.   **c** ○ zu dunkel.

2 Das Wohnzimmer in einer WG. Was gibt es hier? Schreiben Sie.

Punkte 6

(Bild mit Nummern 1–6; bei 6 Stühle eingetragen)

3 Was ist wo? Sehen Sie noch einmal das Bild in 2 an und kreuzen Sie an: a, b oder c?

Punkte 3

0 Das Bild   **a** (X) hängt   **b** ○ steht   **c** ○ liegt   an der Wand.

1 Die Schlüssel   **a** ○ hängen   **b** ○ stehen   **c** ○ liegen   auf dem Tisch.

2 Das Radio   **a** ○ hängt   **b** ○ steht   **c** ○ liegt   auf der Kommode.

3 Der Teppich   **a** ○ hängt   **b** ○ steht   **c** ○ liegt   zwischen dem Sofa und dem Fernseher.

4 Eine Wohnung beschreiben. Ergänzen Sie das Gegenteil.

Punkte 4

Die Wohnung ist nicht groß, sie ist _klein_ ⁰. Aber sie ist auch nicht günstig, sie ist sehr _____ ¹. ☹

Das Wohnzimmer ist nicht dunkel, es ist sehr _____ ². Das ist schön. Und auch das Schlafzimmer ist toll:

Es ist gar nicht laut, es ist sehr _____ ³ und ich schlafe hier sehr gut.

Unsere Möbel sind nicht modern, sie sind alle schon sehr _____ ⁴.

28 achtundzwanzig

5 Wer wohnt wo? **Lesen Sie und ordnen Sie zu. Ein Satz passt nicht.**

1 ◯ Anika, Fred und Tochter Lina haben fünf Zimmer und einen Garten.
2 ◯ Agustin wohnt sehr ruhig. Er hat nur ein Zimmer. Er braucht nicht mehr.
3 ◯ Antonia und Daniel wohnen zusammen. Sie haben ein Wohnzimmer und ein Schlafzimmer.
4 ◯ Manuel studiert in Freiburg und wohnt mit drei Studenten zusammen.

Punkte 3

A Die Wohngemeinschaft:

Die Wohnung ist groß und nicht sehr teuer. Sie ist ideal für Studierende. Sie ist im Zentrum und es gibt viele Bars und Clubs.

B Die 2-Zimmer-Wohnung mit Balkon:

Große Küche mit Herd, Kühlschrank und Spüle. Badezimmer mit Fenster.

C Das Haus:

Sehr ruhig und groß. Fünf Zimmer, Küche, Bad und Garten. Nur 20 Minuten mit dem Bus ins Zentrum.

6 Wo ist die Katze? **Ordnen Sie die Bilder den Sätzen zu.**

Punkte 4

A B C D

1 ◯ Die Katze liegt unter dem Sessel.
2 ◯ Die Katze liegt neben dem Sessel.
3 ◯ Die Katze liegt auf dem Sessel.
4 ◯ Die Katze liegt vor dem Sessel.

7 Wie wohnen Sie? **Schreiben Sie drei Sätze.**

Punkte 6

Ich wohne in _____ .
Ich habe _____ .
Im _____ gibt es _____ .

FAMILIE SCHUMANN

Name	Kurs	Datum	Punkte insgesamt
			30

1 Ralfs Familie. Was ist richtig: a, b oder c? Kreuzen Sie an. Sie hören den Dialog zweimal.

Punkte 4

1 Ralf war am Wochenende bei seinen …
  a ○ Eltern.
  b ○ Geschwistern.
  c ○ Großeltern.

2 Ralf hat …
  a ○ zwei
  b ○ drei
  c ○ vier
  Geschwister.

3 Die Mutter von Ralf …
  a ○ ist Kellnerin.
  b ○ leitet ein Restaurant.
  c ○ ist Köchin.

4 Die Schwester von Ralf ist …
  a ○ ledig.
  b ○ verheiratet.
  c ○ geschieden.

2 Meine Familie. Lesen Sie und ordnen Sie die Wörter zu. Am Ende beantworten Sie die Frage.

Punkte 6

Eltern • Kinder • ~~Familie~~ • verheiratet • Großeltern • Neffe • Schwester

Hallo, ich heiße Emil Kupfer und das ist meine _Familie_ ⁰.

Ich habe eine _____¹, Anna.

Sie ist Kellnerin in einem Restaurant. Sie ist ist schon seit acht Jahren mit Thomas _____².

Sie haben zwei _____³: Alexander und Laura.

Meine _____⁴ heißen Ulrike und Michael.

Meine _____⁵ sehe ich nicht oft.

Sie sind schon sehr alt.

Frage: Was ist Alexander für Emil?   Alexander ist sein _____⁶.

3 Wortverbindungen. Welches Verb passt? Verbinden Sie.

Punkte 4

0 einen Betrieb   a besuchen
1 zu Hause   b mieten
2 eine Wohnung   c wählen
3 einen Beruf ······▶ d leiten
4 Freunde   e arbeiten

4 Die Geschichte von Wiktoria. **Lesen Sie und ergänzen Sie die Partizip-II-Formen.**

Punkte 5

Wiktoria kommt aus Polen, aus Lublin. Sie spricht Polnisch, Englisch und Deutsch. Sie wohnt seit 15 Jahren in Deutschland. Ihre Eltern haben ein Café und eine Bäckerei in Eichstetten am Kaiserstuhl. Das ist ein Dorf bei Freiburg. Wiktoria hat von 2009 bis 2012 den Beruf Köchin in Freiburg _____[1] (lernen). Dann hat sie dort bis 2020 in einem Restaurant _____[2] (arbeiten). 2017 hat sie ihren Mann Adam _____[3] (heiraten). Von 2017 bis 2019 haben sie in einer 2-Zimmer-Wohnung in Freiburg _____[4] (wohnen). 2020 haben sie eine 3-Zimmer-Wohnung in Emmendingen _____[5] (kaufen). Dort arbeitet Wiktoria heute auch. Ihr Mann und sie möchten jetzt ein Kind.

5 Über Familienfotos sprechen. **Ergänzen Sie die Possessivartikel.**

Punkte 5

💬 Das bin ich und das sind *meine*[0] Eltern.

💬 Besuchst du _____[1] Eltern oft?

💬 Ja, sehr oft.

💬 Und hier, das sind _____[2] Schwester Maria und _____[3] Mann. Sie und Tom haben 2020 geheiratet.

💬 Ja! Ich kenne _____[4] Schwester und _____[5] Mann. Sie waren auf der Party im Sommer. Sie sind sehr nett.

6 Meine Familie. **Schreiben Sie drei Sätze.**

Punkte 6

1 _____

2 _____

3 _____

11 VIEL ARBEIT

Name	Kurs	Datum	Punkte insgesamt
			30

1 Ein Gespräch mit einem Altenpfleger. Was ist richtig: a, b oder c? Kreuzen Sie an. Sie hören das Gespräch zweimal.

Punkte 4

1 Justyna ist …
  a ◯ Food-Bloggerin.
  b ◯ Kellnerin.
  c ◯ Journalistin.

2 Dmitri arbeitet seit …
  a ◯ 2017 als Altenpfleger.
  b ◯ zwei Jahren als Altenpfleger.
  c ◯ einem Jahr als Altenpfleger.

3 Dimitri findet …
  a ◯ seine Kolleginnen und Kollegen nicht nett.
  b ◯ seine Arbeit toll.
  c ◯ den Schichtdienst sehr stressig.

4 Dmitri arbeitet gern in der …
  a ◯ Frühschicht.
  b ◯ Spätschicht.
  c ◯ Nachtschicht.

2 Berufe: Wer? Was? Wo? Verbinden Sie wie im Beispiel.

Punkte 5

0 Mechatronikerinnen und Mechatroniker
1 Altenpflegerinnen und Altenpfleger
2 Maurerinnen und Maurer
3 Ärztinnen und Ärzte
4 Programiererinnen und Programmierer
5 Lehrerinnen und Lehrer

A schreiben Programme
B unterrichten Kinder
C reparieren Autos
D betreuen Senioren
E untersuchen Patienten
F bauen Häuser

a in einem Krankenhaus.
b in einem Büro.
c in einer Schule.
d in einer Werkstatt.
e auf einer Baustelle.
f in einem Seniorenheim.

3 Wortverbindungen. Welches Verb passt nicht: a, b oder c? Kreuzen Sie an.

Punkte 4

1 Apps   a ◯ programmieren   b ◯ überlegen   c ◯ installieren
2 Kunden   a ◯ verschicken   b ◯ beraten   c ◯ informieren
3 eine Ausbildung a ◯ machen   b ◯ beenden   c ◯ untersuchen
4 ein Haus   a ◯ bauen   b ◯ planen   c ◯ schreiben

4 Ein Interview mit einem Mitarbeiter. Lesen Sie und kreuzen Sie an: richtig oder falsch?

Punkte 5

www.hundegruppe.example.de

| Home | Presse | Abteilungen | Admin | Über uns |

Unser Mitarbeiter Nr. 1 im August: Paul Kübler

Redaktion: Herr Kübler, Sie sind Informatikkaufmann. Wie lange arbeiten Sie schon hier?
Ich bin seit einem Jahr in der Firma. Nach meiner Ausbildung an der Berufsfachschule Robert Bosch in Duisburg habe ich viele Bewerbungen verschickt – auch an die Firma H & R Gruppe. Mit Erfolg!

Redaktion: Wie finden Sie Ihre Arbeit?
Meine Arbeit ist sehr interessant und ich habe immer viel zu tun. Es ist nie langweilig bei uns. Manchmal gibt es auch Stress, aber das ist kein Problem für mich.

Redaktion: Wie viele Kolleginnen und Kollegen arbeiten in der IT?
In der IT arbeiten 30 Kolleginnen und Kollegen. Sie sind sehr nett. Wir sagen alle „Du" – auch zur Chefin.

Redaktion: Was sind Ihre Aufgaben?
Ich bestelle neue Programme für die Firma, installiere sie und informiere die Kollegen über die neue Software. Ich berate sie auch und beantworte ihre Fragen am Telefon. Oft gibt es ja Probleme mit der Software, dann helfe ich. Ich arbeite natürlich sehr viel am Computer und schreibe viele E-Mails.

Redaktion: Danke für das Gespräch.

		richtig	falsch
1	Herr Kübler ist seit zwölf Monaten Mitarbeiter in der Firma.	○	○
2	Herr Kübler hat immer zu viel Arbeit.	○	○
3	Die Firma H & R Gruppe hat 30 Mitarbeiterinnen und Mitarbeiter.	○	○
4	Er mag seine Kolleginnen und Kollegen.	○	○
5	Er schreibt Software-Programme.	○	○

5 Tico ist Programmierer. Lesen Sie das Porträt und ergänzen Sie die Partizip-II-Formen.

Punkte 6

Meine Name ist Tico Mora. Ich komme aus Mexiko. Ich habe fünf Jahre in Frankfurt _____¹ (studieren). 2017 habe ich mein Studium _____² (beenden). Danach habe ich zwei Jahre bei CFX Software-Systeme in Mainz _____³ (arbeiten). Dort habe ich Software _____⁴ (programmieren). Seit 2019 arbeite ich bei der Firma IT-Services in Wiesbaden. Dort habe ich meine Freundin Judith 2018 _____⁵ (kennenlernen). 2020 haben wir zusammen meine Eltern in Pueblo _____⁶ (besuchen).

6 Was sind Sie von Beruf? Welche Ausbildung haben Sie gemacht oder machen Sie? Schreiben Sie drei Sätze.

Punkte 6

ESSEN UND TRINKEN

Name	Kurs	Datum	Punkte insgesamt
			30

1 Ein Einkaufsdialog. Kreuzen Sie an: richtig oder falsch? Sie hören den Dialog zweimal.

Punkte / 4

	richtig	falsch
1 Die Kundin kauft Tomaten aus Italien.	○	○
2 Ein Kilo Äpfel kostet 1,95 €.	○	○
3 Die Kundin kauft zwei Kilo Orangen.	○	○
4 Die Kundin kauft auf dem Markt Tomaten, Äpfel, Orangen und Zwiebeln.	○	○

2 Lebensmittel. Ergänzen Sie.

Punkte / 5

0 eine _Flasche_ Wasser   2 eine _____ Nudeln   4 eine _____ Nüsse

1 ein _____ Marmelade   3 eine _____ Schokolade   5 ein _____ Butter

3 Ein Rezept für Gemüsereis. Was muss man machen? Ergänzen Sie.

Punkte / 6

braten • dazutun • geben • kochen • putzen • schneiden

Zutaten für 4 Personen
25 Minuten

500 g Reis
250 g Pilze
2 Paprika
3–4 Tomaten
2 Zwiebeln
2 EL Öl
Salz und Pfeffer

So geht's!

– das Gemüse _____¹ und klein _____²
– das Öl in die Pfanne _____³
– das Gemüse in dem Öl 10 Minuten _____⁴
– etwas Salz und Pfeffer _____⁵
– den Reis 15 Minuten _____⁶

34 vierunddreißig

4 Die Gemüsebox. Lesen Sie die Anzeige. Kreuzen Sie an: richtig oder falsch?

Punkte | 4

Die Gemüsebox
Immer Gemüse und Obst im Haus – frisch vom Markt!
Sie essen am liebsten Gemüse – und das jeden Tag?
Sie haben wenig Zeit?
Sie möchten keine Lebensmittel aus anderen Ländern?
Sie kaufen lieber Produkte aus Ihrer Region?

Dann sind wir für Sie da!
Sie bekommen alle drei Tage eine Box mit Gemüse nach Hause.
Dazu gibt es immer Tipps und Rezepte. So lernen Sie viele Gemüsegerichte kennen.

Sie sind allein oder Sie haben eine Familie mit vielen Kindern?
Die Box gibt es schon in klein für nur 3,99 € (2–3 Kilo) oder für die ganze Familie für 7,99 € (5–6 Kilo) oder in ganz groß (10 kg Obst & Gemüse!) für nur 12,99 €.

Sie bezahlen bequem online.

		richtig	falsch
1	Die *Gemüsebox* bringt Gemüse, Fleisch und Getränke nach Hause.	○	○
2	Die Produkte kommen aus dem Supermarkt.	○	○
3	In der Box findet man auch Hilfe für das Kochen.	○	○
4	Man kann viel oder wenig kaufen.	○	○

5 Beruf Köchin. Lesen Sie das Interview und ergänzen Sie die richtige Form von *müssen*.

Punkte | 5

💬 Hermine, du bist Köchin im Restaurant *Olive*. _____¹ du jeden Tag arbeiten?

💬 Nein, am Montag _____² ich nicht arbeiten.

💬 Welche Aufgaben habt ihr – du und dein Team?

💬 Wir haben sehr viele Aufgaben. Wir _____³ auf dem Markt Gemüse kaufen, die Vorspeisen und die Hauptgerichte planen und natürlich die Gerichte kochen. Und die Kellner _____⁴ die Gäste beraten und das Essen schnell bringen.

💬 Kochst du auch oft zu Hause?

💬 Nein, zu Hause _____⁵ mein Mann kochen. Er kocht sehr gern und gut!

6 Das mag ich. Was essen und trinken Sie gern? Lieber zu Hause oder lieber im Restaurant? Haben Sie ein Lieblingsessen? Schreiben Sie drei Sätze.

Punkte | 6

13 FIT UND GESUND

Name	Kurs	Datum	Punkte insgesamt
			30

1 Untersuchung beim Arzt. Kreuzen Sie an: richtig oder falsch? Sie hören den Dialog zweimal.

Punkte / 4

		richtig	falsch
1	Silke Lammers bekommt heute keinen Termin mehr bei Dr. Mocker.	○	○
2	Sie hat eine Verletzung am Kopf und am Knie.	○	○
3	Sie soll sich zu Hause ausruhen.	○	○
4	Sie bekommt ein Rezept gegen ihre Kopfschmerzen.	○	○

2 Was tut weh? Ergänzen Sie.

Punkte / 5

0 der *Kopf*

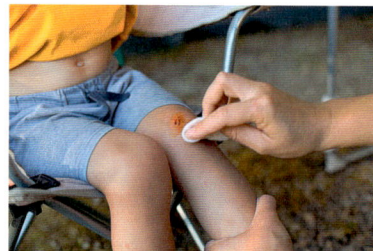
2 das _____

4 der _____

1 das _____

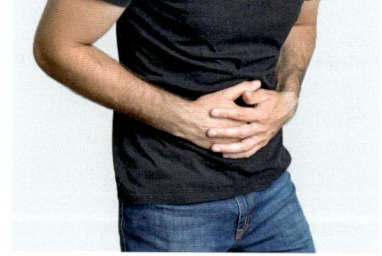
3 der _____

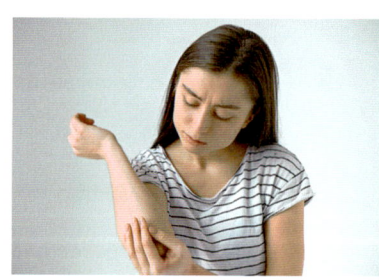
5 der _____

3 Nomen und Verben. Was passt? Schreiben Sie wie im Beispiel.

Punkte / 5

0 einen Termin *machen*
1 eine Tablette _____
2 eine Salbe _____
3 das Bein _____
4 die Chipkarte _____
5 Schmerzen _____

haben · zeigen · hochlegen · auftragen · machen · nehmen

4 **Beim Arzt.** Was passt: a oder b? Kreuzen Sie an.

Punkte 5

1 Guten Tag. Haben Sie Ihre ... dabei? a ◯ Krankenversicherung b ◯ Chipkarte
2 Nehmen Sie doch bitte ... Platz. a ◯ in der Praxis b ◯ im Wartezimmer
3 Ich schreibe Sie bis Freitag a ◯ krank. b ◯ gesund.
4 Sie bekommen ein ... für Hustensaft. a ◯ Rezept b ◯ Medikament
5 Ich wünsche Ihnen ... a ◯ gute Besserung! b ◯ viel Spaß!

5 **Ein Unfall.** Lesen Sie den Blog von Paula und ergänzen Sie die Verben im Perfekt.

Punkte 6

www.reisemenschen.example.com

Home | Reise | Erfahrungen | Service | **Blog**

Unser Reiseblog

1. August

Kiki und ich _sind_ heute sehr früh _aufgestanden_ ⁰ (aufstehen) und wir _____ mit dem Zug und unseren Rädern nach Passau _____ ¹ (fahren). Am Vormittag _____ wir uns die Altstadt _____ ² (anschauen). Sehr schön! Am Nachmittag _____ ich in der Donau _____ ³ (schwimmen). Das Wasser war warm. Kiki _____ im Hotel _____ ⁴ (bleiben).

2. August

Ich hatte am Vormittag einen Unfall! Ich _____ einen Stein nicht _____ ⁵ (sehen) und _____ _____ ⁶ (hinfallen). Aber ich hatte Glück. Es war nicht so schlimm.

6 **Ratschläge geben.** Schreiben Sie die Sätze im Imperativ.

Punkte 5

das Bein hochlegen • ~~einen Tee trinken~~ • eine Tablette nehmen • etwas essen • Yoga ausprobieren • zum Arzt gehen

0 💬 Mein Bauch tut weh. 💬 Dann _trink einen Tee!_
1 💬 Ich habe Kopfschmerzen. 💬 Dann _____
2 💬 Ich bin oft müde. 💬 Dann _____
3 💬 Ich bin krank. 💬 Dann _____
4 💬 Ich habe Hunger. 💬 Dann _____
5 💬 Das Knie ist sehr dick. 💬 Dann _____

14 VOLL IM TREND

Name	Kurs	Datum	Punkte insgesamt
			30

1 Im Modegeschäft. Kreuzen Sie an: richtig oder falsch? Sie hören den Dialog zweimal.

Punkte 4

🔊 24

	richtig	falsch
1 Der Mann mag schwarze Anzüge.	○	○
2 Der Mann probiert einen Anzug in Größe 48 an.	○	○
3 Der Anzug ist im Angebot.	○	○
4 Der Anzug ist perfekt für Arbeit und Freizeit.	○	○

2 Was tragen Liliana und Nathan gern? Sehen Sie die Bilder an und ergänzen Sie die Kleidungsstücke und die Farben.

Punkte 6

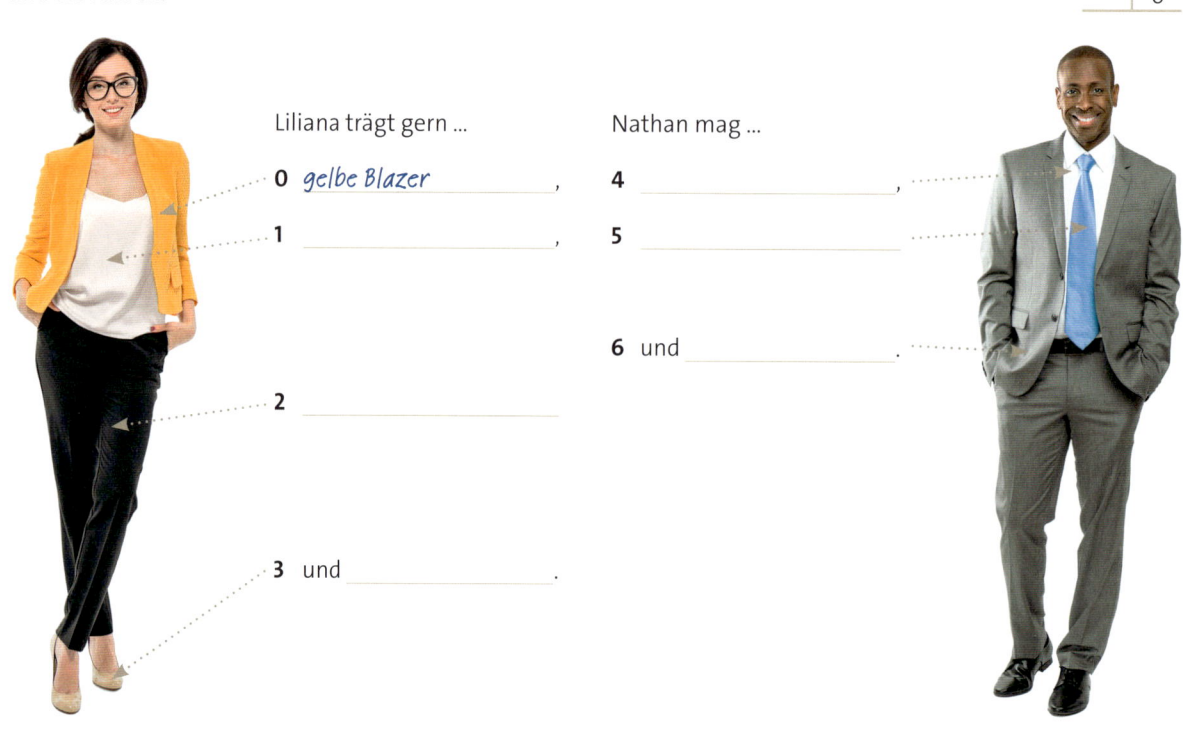

Liliana trägt gern …

0 *gelbe Blazer*,
1 _____ ,
2 _____
3 und _____ .

Nathan mag …

4 _____ ,
5 _____
6 und _____ .

3 Über Kleidung sprechen. Ergänzen Sie das Gegenteil wie im Beispiel.

Punkte 5

altmodisch • elegant • lang - ~~neu~~ • schwarz • teuer

● ● ●

Ich kaufe meine Kleidung in Second-Hand-Shops. Gute Kleidung muss nicht immer *neu* ⁰ (alt) und

auch nicht _____ ¹ (günstig) sein.

Ich trage gern Röcke, aber sie müssen _____ ² (kurz) sein. Hier gibt es oft ganz _____ ³ (moderne)

Sachen. Das finde ich cool. Auch _____ ⁴ (sportliche) Kleider oder Hosenanzüge gibt es hier.

Im Job trage ich eher _____ ⁵ (weiße) Kleidung, aber in der Freizeit mag ich es bunt!

4 Im Modegeschäft. Was sagt die Kundin? Lesen Sie den Dialog und ordnen Sie zu.

Punkte | 5

1 Sehr gut. Er ist genau mein Stil. Wie teuer ist er?
2 Ja, gern.
3 Ja, finde ich auch. Sehr elegant.
4 Ja, ich suche einen blauen Hosenanzug für die Arbeit.
5 Ich glaube, 34 oder 36.

💬 Guten Tag. Kann ich Ihnen helfen?

💬 _____

💬 Welche Größe haben Sie?

💬 _____

💬 Einen Moment, bitte. Wie gefällt Ihnen dieser?

💬 _____

💬 Er ist im Angebot. Er kostet nur 99,99 Euro. Wollen Sie den anprobieren?

💬 _____

💬 Der Hosenanzug passt doch super. Er sieht toll aus.

💬 _____

5 Unbestimmte Artikel und Adjektive im Akkusativ. Ergänzen Sie.

Punkte | 4

Du warst einkaufen?

Was hast du gekauft?

*Ich habe ein**e** dunkl**e** ⁰ Jacke, ein weiß___¹ Hemd, ein___ blau___² Pullover und braun___³ Lederschuhe gekauft. Alles war im Sale. Jetzt brauche ich nur noch ein___ neu___⁴ Mantel!*

6 Genau mein Stil! Lesen Sie die Fragen und schreiben Sie drei Sätze.

Punkte | 6

– Welche Kleidung tragen Sie im Beruf oder im Studium?
– Wie finden Sie Shoppen gehen?
– Was ist aktuell Ihr Lieblingskleidungsstück?

_____
_____
_____
_____

JAHRESZEITEN UND FESTE

15

Name	Kurs	Datum	Punkte insgesamt
			30

1 Über das Wetter und die Jahreszeiten sprechen. Was ist richtig: a, b oder c? Kreuzen Sie an. Sie hören den Dialog zweimal.

Punkte: 4

1 Kovu ist ...
   a ○ Arzt.
   b ○ Student.
   c ○ Professor.

2 In Nairobi ist es heute ...
   a ○ sonnig.
   b ○ bewölkt.
   c ○ windig.

3 In Helsinki ist es im Sommer ...
   a ○ oft kälter als in Deutschland.
   b ○ genauso warm wie in Deutschland.
   c ○ nicht so warm wie in Deutschland.

4 Im Sommer ist es in Lappland meistens ...
   a ○ kühl.
   b ○ warm.
   c ○ kalt.

2 Aprilwetter. Sehen Sie sich die Tabelle an und ergänzen Sie die E-Mail mit den Wetterwörtern.

Punkte: 9

bewölkt • geregnet • geschneit • Grad • ~~sonnig~~ • kalt - Schnee • wärmer • warm • Wolken

	8:00 – 14:00 Uhr	14:00 – 20:00 Uhr
Freitag	☀ 22 Grad	🌧 11 Grad
Samstag	☁ 2 Grad	❄ 0 Grad
Sonntag	⛅ 10 Grad	☀ 19 Grad

Betreff: mein Wochenende

Hi Pamela,

das war ein Wochenende! Typisch April. Am Freitag war es am Vormittag schön _sonnig_ ⁰ und

_____¹. Wir hatten 22 _____². In der Mittagspause habe ich mit meinen Kollegen

draußen einen Kaffee getrunken. Am Nachmittag hat es aber dann ziemlich _____³ und ich

hatte keinen Schirm. Ein richtiges Mistwetter. Nach der Arbeit bin ich zu Hause geblieben und habe

ferngesehen. Am Samstagvormittag war es _____⁴ und sehr _____⁵, 0 Grad.

Am Nachmittag hat es _____⁶. _____⁷ im April. Furchtbar! Ich habe ausgeschlafen

und bin mit Carlo und Zita am Abend ins Kino gegangen. War ein schöner Abend. Am Sonntag war

es am Vormittag schon wieder _____⁸. Sonne und _____⁹ bei 10°. Am Nachmittag

war es dann wieder schön. Habe mit Ben Tennis gespielt.

Liebe Grüße, Maja

3 Smalltalk. Welche Antwort passt? Kreuzen Sie an.

Punkte 3

1 Es regnet schon den ganzen Tag.
 a ○ Ja, und ich habe meinen Schirm vergessen.
 b ○ Ja, der Sommer ist mir lieber als der Herbst.

2 Warst du schon mal in Bern?
 a ○ Ja, die Stadt liegt in der Schweiz.
 b ○ Ja, die Stadt ist fantastisch.

3 Mögen Sie italienisches Essen?
 a ○ Schmeckt das gut?
 b ○ Ich liebe Pasta.

4 Das Oktoberfest. Lesen Sie und kreuzen Sie an: richtig oder falsch?

Punkte 5

Das Oktoberfest in München feiert man schon seit 1810. Das erste Oktoberfest hat am 17. Oktober begonnen. Aber schon seit vielen Jahren beginnt es einen Monat früher, also im September und es dauert zwei Wochen. Warum? Das Wetter in München ist im September meistens besser als im Oktober.
Jedes Jahr kommen Besucherinnen und Besucher aus der ganzen Welt zum Oktoberfest. Letztes Jahr waren es 6,3 Millionen Menschen. Sie können in 17 großen und 21 kleinen Zelten sitzen, essen, trinken und Musik hören. Letztes Jahr haben sie mehr als sieben Millionen Liter Bier getrunken! Viele Menschen trinken dort gern Bier. Und das ist teuer: Man muss über 11 Euro für einen Liter bezahlen! Zum Essen gibt es viele regionale Spezialitäten aus Bayern, aber auch immer mehr vegetarische Gerichte.
Auch für Kinder gibt es ein großes Programm und jeden Dienstag ist bis 19 Uhr Familientag. Dann kostet z. B. das Essen für Kinder weniger.

	richtig	falsch
1 Das Oktoberfest beginnt im Oktober.	○	○
2 Die Besucher sind nicht sehr international.	○	○
3 Im letzten Jahr haben mehr als sechs Millionen Menschen das Oktoberfest besucht.	○	○
4 Auf den Speisekarten gibt es nichts für Vegetarier.	○	○
5 Es gibt günstige Angebote für Familien mit Kindern.	○	○

5 Komparation. Vergleichen Sie. Ergänzen Sie die Adjektive und *wie* oder *als*.

Punkte 5

0 Im Winter ist es in Russland oft _kälter als_ in Deutschland. (kalt)

1 In Deutschland regnet es _____ in Ägypten. (viel)

2 Heute ist es in Zürich genauso _____ in Wien. (warm)

3 Heute war das Wetter _____ gestern. (gut)

4 Ich mache _____ im Sommer Urlaub _____ im Winter. (gern)

5 In Innsbruck ist es genauso _____ in Graz. (schön)

6 Wie war gestern das Wetter bei Ihnen und wie ist es heute? Schreiben Sie zwei Sätze.

Punkte 4

1 _____

2 _____

AB IN DEN URLAUB!

Name	Kurs	Datum	Punkte insgesamt
			30

1 Urlaub. Was ist richtig: a, b oder c? Kreuzen Sie an. Sie hören jeden Text zweimal.

Punkte: 4

1 Im Urlaub am Bodensee ...
 a ◯ hat es nur geregnet.
 b ◯ war es oft kühl.
 c ◯ war es richtig sonnig.

2 Der Mann hat ...
 a ◯ vier Tage ...
 b ◯ zehn Tage ...
 c ◯ zwei Wochen ...
 Urlaub gemacht.

3 Die Familie war in den Ferien ...
 a ◯ auf einem Bauernhof.
 b ◯ zelten.
 c ◯ am Meer.

4 Der Mann kann ...
 a ◯ seinen E-Reader ...
 b ◯ die Tickets ...
 c ◯ seine Kopfhörer ...
 nicht finden.

2 Tiere. Lesen Sie den Dialog und ergänzen Sie.

Punkte: 6

1 💬 Hast du Tiere?
 💬 Ja, ich habe zwei _____¹ 🐱 und einen _____² 🐶.

2 💬 Ihr wart im Urlaub auf einem Bauernhof? Hatten die viele Tiere?
 💬 Ja, die hatten _____³ 🐴, _____⁴ 🐮, _____⁵ 🐷 und auch _____⁶ 🐔. Die Kinder hatten viel Spaß. Sie lieben Tiere.

3 Urlaubsziele. Lesen Sie und kreuzen Sie an: richtig oder falsch?

Punkte: 5

Wo die Deutschen gerne Urlaub machen

Urlaubsmagazin

Die meisten Deutschen haben ca. 30 Tage Urlaub im Jahr. Am liebsten machen sie Urlaub in Deutschland. In den Sommerferien zwischen Juni und September fahren sie besonders gern an die Ostsee oder Nordsee. Viele fahren aber auch in die Berge. Dort machen sie zum Beispiel Aktivurlaub und wandern oder klettern. Im Ausland sind die Top-Reiseziele Spanien, Italien und die Türkei.

Viele machen auch gern Urlaub im Winter und fahren dann meistens mit dem Auto nach Österreich oder in die Schweiz. In den Alpen kann man sehr gut Ski fahren oder Snowboarden. Aber ein Sommer- oder Winterurlaub ist nicht billig. So gibt jeder Deutscher mehr als 1350 Euro für seinen Urlaub aus.

	richtig	falsch
1 Die meisten Deutschen haben sechs Wochen Urlaub.	○	○
2 Die meisten Deutschen machen gern Urlaub in Spanien.	○	○
3 Auch Reisen nach Italien sind sehr beliebt.	○	○
4 Im Winter fahren viele Deutsche nach Österreich oder in die Schweiz.	○	○
5 Die Deutschen geben weniger als 1350 Euro für einen Urlaub aus.	○	○

4 Wohin in den Urlaub? Ergänzen Sie die Reiseziele und die Präpositionen mit Akkusativ.

Punkte | 4

~~die Berge~~ • das Meer • das Museum • die USA • der Wald

0 💬 Ich klettere gern.
   💬 Dann fahr doch in deinem nächsten Urlaub _in die Berge_ nach Österreich.

1 💬 Wir lieben die Natur.
   💬 Dann gehen Sie doch am Wochenende _____.

2 💬 Im Sommer gehe ich gern schwimmen.
   💬 Dann fahr doch mal wieder _____.

3 💬 Ich möchte im Urlaub Englisch sprechen.
   💬 Dann flieg doch _____.

4 💬 Ich liebe die Bilder von Picasso.
   💬 Dann geh doch _____. Es gibt eine tolle Picasso-Ausstellung.

5 Personalpronomen. Ergänzen Sie die Personalpronomen im Akkusativ.

Punkte | 5

0 💬 Und wie findest du die Sonnenbrille?
   💬 Diese hier? Ich finde _sie_ toll.

1 💬 Wie findest du meinen neuen Rucksack?
   💬 Also, ich finde _____ ein bisschen zu groß.

2 💬 Hast du mein Portemonnaie gesehen?
   💬 Ich glaube, _____ liegt auf dem Schrank.

3 💬 Schau mal, das bin ich am Strand. Wie findest du das Foto?
   💬 Ich finde _____ auf dem Foto sehr schön.

4 💬 Julia, wer ist die neue Deutschlehrerin?
   💬 Ich weiß nicht. Ich kenne _____ nicht.

5 💬 Wollen wir heute Abend essen gehen? Hier gibt es frischen Fisch.
   💬 Nein, ich habe schon eingekauft und möchte für _____ kochen.

6 Mein Lieblingsurlaub. Schreiben Sie drei Sätze.

Punkte | 6

Wann und wo? (Städte, Länder, …)?   Was (wandern, zelten, …)?   Mit wem?

_____

_____

_____

9–16 GESAMTTEST

Name	Kurs	Datum	Punkte insgesamt
			40

1 Sie hören kurze Ansagen. Kreuzen Sie an: richtig oder falsch? Sie hören jeden Text nur einmal.

Punkte | 8

🔊 27

		richtig	falsch
0	Ben wartet an der Information auf seine Großmutter.	X	○
1	Das Restaurant schließt um 22 Uhr.	○	○
2	Herr Mario Kunz soll zum Gate 17A kommen.	○	○
3	Der Unterricht ist heute um 15 Uhr beendet.	○	○
4	Das Restaurant ist in der zweiten Etage.	○	○
5	Die Frau soll zur Information kommen.	○	○
6	Der Nachmittag ist regnerisch und windig.	○	○
7	Die Fahrgäste sollen warten, bis der Zug weiterfährt.	○	○
8	Turnschuhe sind im Angebot.	○	○

2 Sie hören Sprachnachrichten. Was ist richtig: a, b oder c? Sie hören jeden Text zweimal.

Punkte | 6

🔊 28 **0** Warum kann die Frau nicht kommen?
   a (X) Ihre Tochter ist krank.   **b** ○ Sie ist krank.   **c** ○ Martas Kind ist krank.

🔊 29 **1** Wann kommt Herr Köller zum Termin?
   a ○ um 15:00   **b** ○ um 15:30   **c** ○ um 14:30

🔊 30 **2** Wann kann man wieder in die Praxis kommen?
   a ○ am Donnerstag   **b** ○ am Montag   **c** ○ heute

🔊 31 **3** Was soll Erika mitbringen?
   a ○ einen Kuchen   **b** ○ Getränke   **c** ○ einen Nudelsalat

🔊 32 **4** Was möchte Erika noch mitbringen?
   a ○ sechs Flaschen Weißwein   **b** ○ sechs Flaschen Wasser   **c** ○ Rotwein

🔊 33 **5** Wann kann Familie Möller die Wohnung anschauen?
   a ○ am Wochenende   **b** ○ nächste Woche   **c** ○ heute

🔊 34 **6** Wohin möchte Anna am Samstag gehen?
   a ○ in ein Yogastudio   **b** ○ zum Shoppen   **c** ○ zu Mareike

3 Wo finden Sie die Informationen? Lesen Sie die Texte und die Aufgaben 1 bis 6. Kreuzen Sie an: a oder b.

Punkte / 6

0 Sie brauchen jede Woche viel Obst und Gemüse und Sie kaufen gern regional ein.

> www.regionalekueche.example.com
>
> Die neue Speisekarte ist da!
> Mit vielen Produkten aus der Region.
> Wir freuen uns auf Ihren Besuch!

> www.vonhier.beispiel.de
>
> Wir liefern regionale Lebensmittel
> bis zu Ihrer Haustür.
> Bestellen Sie hier

a ◯ www.regionalekueche.example.com   b (X) www.vonhier.beispiel.de

1 Sie interessieren sich für moderne Trends in der Frauenkleidung.

> www.vollimtrend.example.net
>
> Kinderkleidung und Jugendmode
> Alles zu kleinen Preisen

> www.deinstylist.example.com
>
> Noch keine neue Kleidung für diesen Sommer?
> Wir zeigen Ihnen die aktuelle Damenmode.

a ◯ www.vollimtrend.example.net   b ◯ www.deinstylist.example.com

2 Sie möchten ein Restaurant für einen Kindergeburtstag mieten.

> www.example.net/allesmieten
>
> Sie brauchen ein Babybett? Festliche Baby-
> kleidung? Einen neuen Kinderwagen? Bei uns
> finden Sie alles fürs Kind. Auch Spielzeug!
> Mieten ist besser und günstiger als kaufen!

> www.location.example.com
>
> Sie planen Seminare, Konferenzen, Familien-
> oder Firmenfeiern?
> Wir suchen für Sie den idealen Ort
> zum idealen Preis!

a ◯ www.example.net/allesmieten   b ◯ www.location.example.com

3 Sie möchten mit Ihren Kindern Ferien auf dem Bauernhof machen.

> www.sauerlandhof.example.net
>
> Zwischen April und Oktober können Sie bei uns
> unsere Tiere füttern und viel über die Natur
> lernen. Schön für Kinder und Eltern!

> www.wirsuchensie.example.org
>
> Unser Bauernhof sucht Saisonarbeiter.
> Bei uns können Sie von April bis Juni wohnen
> und arbeiten. Schreiben Sie uns jetzt!

a ◯ www.sauerlandhof.example.net   b ◯ www.wirsuchensie.example.org

4 Sie möchten einen E-Reader kaufen.

> www.bookauf.example.com
>
> Wir verkaufen und kaufen Bücher aller Art:
> elektronisch und auf Papier.
> Für alle E-Reader.

> www.kaufmich.example.de
>
> Kein Platz mehr im Regal?
> Sie wollen aber immer mehr Bücher lesen?
> Dann haben wir genau das Richtige für Sie!
> Elektronische Reader – gut und günstig.

a ◯ www.bookauf.example.com   b ◯ www.kaufmich.example.de

GESAMTTEST

5 Sie wollen studieren und suchen ein Zimmer. Sie haben keine Möbel und wenig Geld.

> www.example.org/zimmerfrei
>
> WG sucht Mitbewohner/in für Zimmer mit Schreibtisch, Bett und Schrank. Hell, groß und ruhig. Küche und Bad teilen wir. Schreib uns hier!

> www.moebelundmehr.beispiel.de
>
> Wir verkaufen günstig Möbel aus 2. Hand: Tische, Stühle, Schränke, auch Betten. Keine Elektrik.

a ○ www.example.org/zimmerfrei   b ○ www.moebelundmehr.beispiel.de

6 Sie möchten wissen, wie morgen das Wetter ist.

> www.guteswetter.example.net
>
> Hier bekommen Sie aktuelle Informationen zum Wetter in Deutschland.

> www.troedelmarkt.example.de
>
> Der Trödelmarkt morgen im Park findet bei Regen nicht statt.

a ○ www.guteswetter.example.net   b ○ www.troedelmarkt.example.de

4 Mitteilungen. Lesen Sie die Texte 1 bis 6. Richtig oder falsch? Kreuzen Sie an.

Punkte: 6

Beispiel:

0 beim **Arzt**: *Heute schließt die Praxis schon um 11:45 Uhr.*
Sie können heute Nachmittag zum Arzt gehen.
○ richtig   ☒ falsch

1 am **Campingplatz**: *Jeden Morgen von 8 bis 11 Uhr haben wir hier am Kiosk frische Brötchen.*
Man kann jeden Tag frische Brötchen kaufen.
○ richtig   ○ falsch

2 an einer **Bürotür**: *Das Büro bleibt wegen Krankheit geschlossen. Die Telefonsprechstunde findet Mo–Fr 9 bis 13 Uhr statt.*
Man kann das Büro am Mittwoch bis um 13 Uhr anrufen.
○ richtig   ○ falsch

3 am **Hauseingang**: *Liebe Bewohner, unser diesjähriges Sommerfest feiern wir am Samstag, den 24. Juli von 13 bis 18 Uhr. Alle sind herzlich willkommen!*
Das Sommerfest ist nur für Nachbarn und geht bis in die Nacht.
○ richtig   ○ falsch

4 im **Kaufhaus**: *Besuchen Sie unsere Sale-Aktion im Erdgeschoss! Heute alle Pullover 30 % billiger!*
Die Pullover im Erdgeschoss kosten 30 Prozent weniger.
○ richtig   ○ falsch

5 am **Schwimmbad**: *Blaue Schwimmbrille gefunden. Man kann sie an der Rezeption abholen.*
An der Rezeption kann man Schwimmbrillen kaufen.
○ richtig   ○ falsch

6 im **Museum**: *Bitte keine Fotos! Keine Handys! Nicht essen!*
Im Museum darf man nicht telefonieren und nicht fotografieren.
○ richtig   ○ falsch

5 Campingurlaub. Lesen Sie den Text und ergänzen Sie das Formular.

Punkte 4

Ihr Bruder, Roberto Uzzano, möchte ab dem 03. August 2021 einen Campingurlaub machen. Er nimmt seine Frau, seine zwei Kinder und seinen Hund mit. Sie wollen dort eine Woche bleiben. Sie haben ein großes Zelt. Helfen Sie Ihrem Bruder und schreiben Sie die fehlenden Informationen in das Online-Formular. Es fehlen vier Informationen.

Zeltplatz AURELIA

Vor- und Nachname	Roberto Uzzano
Ankommen am	_____ 1
Wie viele Übernachtungen?	7
Wie viele Personen?	_____ 2 davon Kinder _____ 3
Haustiere	◯ ja ◯ nein 4

◯ Bungalow   (X) Zelt   ◯ Wohnmobil

6 Eine E-Mail schreiben. Sie können nicht ins Büro kommen. Sie sind für drei Tage krankgeschrieben. Schreiben Sie eine E-Mail an Ihren Chef.

Punkte 10

– Warum schreiben Sie?
– starke Bauchschmerzen / zum Arzt gegangen
– Wann sind Sie wieder im Büro?

Schreiben Sie zu jedem Punkt ein bis zwei Sätze (ca. 30 Wörter). Schreiben Sie einen Gruß.

Betreff: krank

Lieber Herr Konrad,

leider

MODELLTEST START DEUTSCH 1

Name	Kurs	Datum	Punkte insgesamt
			60 x 1,66 = 100

Hören (ca. 20 Minuten)

Der Test hat drei Teile. Sie hören kurze Gespräche und Ansagen. **Lesen** Sie zuerst die Aufgaben, **hören** Sie dann die Texte und kreuzen Sie die richtige Antwort auch auf **dem Antwortbogen** an.

Teil 1

Was ist richtig: a, b oder c? Sie hören jeden Text **zweimal**.

Punkte: 6

Beispiel: Wie viele Tabletten am Tag soll der Patient nehmen?

- a ◯ eine Tablette
- b (X) drei Tabletten 
- c ◯ neun Tabletten 

1 Wo schlafen die Leute am See? 
- a ◯ im Hotel
- b ◯ auf einem Campingplatz  
- c ◯ in einer Wohnung

2 Wo ist der Parkplatz? 
- a ◯ geradeaus und dann rechts 
- b ◯ immer geradeaus 
- c ◯ geradeaus und dann links

3 Was kostet eine Portion Fisch mit Kartoffeln?
- a ◯ 3,60 € 
- b ◯ 4,30 € 
- c ◯ € 6,90 € 

4 Wo ist die Kantine? 
- a ◯ in der vierten Etage 
- b ◯ im Erdgeschoss 
- c ◯ neben dem Kopierraum

5 Was tut der Frau weh?
- a ◯ das Knie 
- b ◯ der Arm 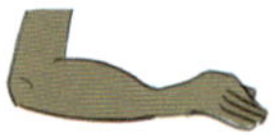
- c ◯ der Kopf 

6 Was hat die Frau gekauft?
- a ◯ ein schwarzes Kleid und rote Schuhe 
- b ◯ ein rotes Kleid und schwarze Schuhe 
- c ◯ ein rotes Kleid, schwarze Schuhe und eine schwarze Tasche

Teil 2

🔊 42

Kreuzen Sie an: richtig oder falsch? Sie hören jeden Text nur **einmal**.

Punkte 4

	richtig	falsch
Beispiel: Das Geschäft ist jeden Sonntag von 13 bis 18 Uhr geöffnet.	○	Ⓧ
7 Der Zug nach Linz fährt heute 11 Minuten später ab.	○	○
8 Die Kunden sollen ihren Einkauf beenden.	○	○
9 Man soll zu Hause bleiben.	○	○
10 Von Freitag bis Sonntag nachts kostet die Fahrt mit Bussen und Bahnen nichts.	○	○

Teil 3

🔊 43

Was ist richtig? Kreuzen Sie an: a, b oder c. Sie hören jeden Text **zweimal**.

Punkte 5

0 Beispiel: Wann möchte der Mann Philipp anrufen?

- **a** ○ jetzt
- **b** Ⓧ morgen zwischen 10 und 11 Uhr
- **c** ○ morgen zwischen 9 und 11 Uhr

11 Was soll Alina mitbringen?

- **a** ○ Kopfhörer
- **b** ○ zwei Flaschen Wasser
- **c** ○ eine Stoppuhr

12 Wann soll Frau Lindemann kommen?

- **a** ○ diese Woche Mittwoch
- **b** ○ nächste Woche Donnerstag
- **c** ○ diese Woche Donnerstag

13 Warum kann Frau Lindemann nicht kommen?

- **a** ○ Sie hat schon einen Termin.
- **b** ○ Sie muss arbeiten.
- **c** ○ Donnerstags kann sie nie.

14 Wo ist das Paket?

- **a** ○ bei der Post
- **b** ○ in einer Wohnung im Erdgeschoss
- **c** ○ beim Nachbarn von oben

15 Für wen oder was hat die Frau die Torte bestellt?

- **a** ○ für eine Geburtstagsparty
- **b** ○ für eine Weihnachtsfeier
- **c** ○ für 25 Kolleginnen und Kollegen

MODELLTEST START DEUTSCH 1

Lesen (ca. 25 Minuten)

Der Test hat drei Teile. Sie lesen kurze Briefe, Anzeigen, Mitteilungen usw. Zu jedem Text gibt es Aufgaben. Kreuzen Sie die richtige Lösung auch auf **dem Antwortbogen** an.

Teil 1

Lesen Sie die beiden Texte und die Aufgaben 1 bis 5. Kreuzen Sie an: richtig oder falsch?

Punkte | 5

Betreff: Erkältung

Hallo Erik,

du bist wieder krank? Das tut mir leid! Hast du wieder eine Erkältung? Du musst viel Wasser und Tee trinken und iss auch viel Obst und Gemüse. Vitamin C hilft gegen Erkältungen. Ruh dich aus! Nächste Woche bist du bestimmt wieder gesund und wir können ins Kino gehen. Gute Besserung!
Liebe Grüße
Florian

		richtig	falsch
0	**Beispiel:** Florian ist krank.	○	Ⓧ
1	Erik ist nicht gesund.	○	○
2	Florian möchte für Erik Obst einkaufen.	○	○

Betreff: WG-Zimmer

Hallo!

Ich heiße Janne Sophie, ich bin Studentin im ersten Semester. Ich suche ein WG-Zimmer. Mein Freund hat mir gesagt, dass ihr ein Zimmer frei habt. Kann ich nächste Woche kommen und mir das Zimmer anschauen? Dürfen bei euch Haustiere wohnen? Ich habe eine Katze und möchte sie mitnehmen.
Ich freue mich auf eure Antwort!
Liebe Grüße
Janne Sophie

		richtig	falsch
3	Der Freund von Janne Sophie sucht ein Zimmer in einer WG.	○	○
4	Janne Sophie hat ein Studium begonnen.	○	○
5	Janne Sophie sucht ein neues Zuhause für ihre Katze.	○	○

Teil 2

Lesen Sie die Texte und die Aufgaben 6 bis 10. Wo finden Sie Informationen? Kreuzen Sie an: a oder b?

Punkte | 5

0 Beispiel: Sie suchen ein Haus in der Natur.

---

www.tinyhouse.example.org

Ein Zimmer?
Nein – ein ganzes Haus im Miniformat!
Alle Häuser sind schön gelegen:
im Wald oder am Fluss.

---

www.example.net/gesucht-gefunden

Hier finden Sie alles für Ihr Leben in der Stadt:
– einen Job
– eine Wohnung
– ein Auto
– einen Kindergartenplatz u. v. m.

---

a Ⓧ www.tinyhouse.example.org   b ○ www.example.net/gesucht-gefunden

6 Ihre Freundin sucht einen Spanischkurs.

www.linguoramo.example.edu

Wir suchen Lehrer für Englisch, Deutsch, Spanisch, Italienisch und Türkisch.
Melde dich jetzt!

www.volksschule.example.edu

Bei uns lernen Sie nicht nur Fremdsprachen.
Es gibt auch Kunst- und Kochkurse.
Programm und Anmeldung hier!

a ◯ www.linguoramo.example.edu
b ◯ www.volksschule.example.edu

7 Sie möchten Ihre Möbel verkaufen.

www.hamster.example.com

Bei uns finden Sie alle Dinge für Ihre Wohnung zum supergünstigen Preis.
Neu und aus 2. Hand.

www.dieliste.example.com

Sie haben zu viele Möbel und zu wenig Geld?
Hier ein Foto und den Preis posten und Sie finden garantiert einen Käufer.

a ◯ www.hamster.example.com
b ◯ www.dieliste.example.com

8 Ihre Online-Bestellung ist nicht angekommen und Sie brauchen Hilfe.

www.onlinesupermarkt.example.net

Karriere: Sie brauchen einen Job?
Aktuell suchen wir:
– Fahrer/innen
– Mitarbeiter/innen für den Kundenservice
– Lagerarbeiter/innen

www.onlinesupermarkt.example.net

Bei Fragen rufen Sie unseren Kundenservice an
von Mo bis Sa
zwischen 8 und 20 Uhr unter
08421 6899769

a ◯ www.onlinesupermarkt.example.net
b ◯ www.onlinesupermarkt.example.net

9 Sie sind neu in Berlin und möchten eine Bustour durch die Stadt machen.

www.berlintour.example.com

Berlin sehen, ganz modern und immer anders mit
– dem Bus
– dem E-Roller
– dem Fahrrad
– der Rikscha
Reservieren Sie hier!

www.example.net/fahrplaninfo

Suchen und finden Sie Ihren
Fahrplan für:
Bus
U-Bahn
S-Bahn
Zug

a ◯ www.berlintour.example.com
b ◯ www.example.net/fahrplaninfo

10 Sie möchten am Samstagmorgen nach Wien fliegen.

www.ticketsonline.example.com

Abflug – Sa, 26.06.2021
17:10   EW2121   Wien
18:30   LH1765   München

www.ticketsonline.example.com

Abflug – Sa, 26.02.2021
08:25   KL1877   Amsterdam
08:40   EW9751   Wien

a ◯ www.ticketsonline.example.com
b ◯ www.ticketsonline.example.com

MODELLTEST START DEUTSCH 1

Teil 3

Lesen Sie die Texte 11 bis 15 und die Aufgaben. Kreuzen Sie an: richtig oder falsch?

Punkte 5

0 Im **Café**: *Heute nur kalte Getränke!*

Beispiel: Sie können sich heute einen Kaffee bestellen.
○ richtig ⊗ falsch

11 Am **Hotel**: *Wir suchen Mitarbeiter! Infos an der Rezeption.*

An der Rezeption bekommt man Informationen über alle Hotelmitarbeiter.
○ richtig ○ falsch

12 Am **Restaurant**: *Liebe Gäste, ab diesem Sonntag gibt es bei uns auch Frühstück! Frische Brötchen, Wurst, Käse, Obst und Süßes. Jeden Sonntag von 9 bis 12 Uhr. Wir freuen uns auf Sie!*

Sonntags kann man auch vormittags etwas essen.
○ richtig ○ falsch

13 An der **Sprachschule**: *Liebe Studierende, die letzte Unterrichtsstunde fällt heute aus.*

Heute gibt es keinen Unterricht.
○ richtig ○ falsch

14 Auf dem **Markt**: *Liebe Kunden, hier können Sie nur bar bezahlen. Wir bitten um Verständnis.*

Auf dem Markt kann man nicht mit Karte zahlen.
○ richtig ○ falsch

15 Im **Bus**: *Baustelle! Ab dem 01.06. fährt die Linie 308 nur bis Haltestelle Flughafen. Zur Weiterfahrt nutzen Sie die U-Bahn.*

Es ist der 6. Juni. Sie können mit dem Bus 308 zum Flughafen fahren.
○ richtig ○ falsch

Schreiben (ca. 20 Minuten)

Punkte 5

Im Teil 1 sollen Sie ein Formular ausfüllen, im Teil 2 einen kurzen Text schreiben. Sie dürfen keine Wörterbücher benutzen.

Teil 1

Ihr Freund Carlos Monti ist 43 und arbeitet als Kellner im Restaurant „Schwan". Er wohnt in Ulm, in der Kopernikusstraße 28. Seit vier Tagen hat er Rückenschmerzen. Schmerztabletten helfen ihm nicht. Er kommt zum Physiotherapeuten. Bitte helfen Sie Ihrem Freund und schreiben Sie die fehlenden Informationen in das Anmeldeformular.

Patienteninformation:

Vor- und Nachname: *Carlos Monti* 0
Alter: _____ 1
Beruf: _____ 2
Straße, Hausnummer: _____ 3
PLZ, Ort: *89075* 4
Krankenkasse: *BKK*
Was tut Ihnen weh? _____ 5
Nehmen Sie Medikamente? *Schmerztabletten*
Datum: *05.08.*   Unterschrift: *Carlos Monti*

Teil 2

Sie möchten mit Ihren Nachbarn am 20. Mai ein Frühlingsfest feiern. Bitte schreiben Sie eine kurze Nachricht an Ihre Nachbarn.

Punkte: 10

- Warum schreiben Sie?
- Wann und wo soll die Party stattfinden?
- Essen und Getränke

Schreiben Sie Ihre Nachricht auf **den Antwortbogen** (Seite 55). Schreiben Sie zu jedem Punkt ein bis zwei Sätze (ca. 30 Wörter). Vergessen Sie nicht die Anrede und den Gruß.

Sprechen (ca. 15 Minuten)

Dieser Test hat drei Teile. Sprechen Sie bitte in der Gruppe.

Teil 1

Sich vorstellen.

Punkte: 3

Name? • Alter? • Land? • Wohnort? • Beruf? • Sprachen? • Freizeit?

Teil 2

Um Informationen bitten und Informationen geben.

Punkte: 6

Beispiel:

Thema Gesundheit:
Marathon laufen

Frage: Bist du schon einmal einen Marathon gelaufen?

Antwort: Nein, ich bin noch nie einen Marathon gelaufen.

Thema Gesundheit:	Thema Gesundheit:	Thema Gesundheit:
Essen	Sport	Erkältung
Thema Gesundheit:	Thema Gesundheit:	Thema Gesundheit:
Medikamente	Sauna	Alkohol
Thema Feste:	Thema Feste:	Thema Feste:
letzte Party	Familie	Getränke
Thema Feste:	Thema Feste:	Thema Feste:
Sommerfest	Essen	Orte

MODELLTEST START DEUTSCH 1

Teil 3
Bitten formulieren und darauf reagieren.

Punkte
6

1
2
3
4
5
6
7
8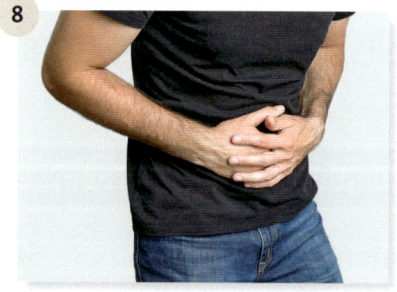
9
10
11
12 Montag, 11 Uhr

ANTWORTBOGEN

Nachname, Vorname _____ , _____

Geburtsdatum

Institution, Ort _____

Hören

Teil 1	a	b	c
1	☐	☐	☐
2	☐	☐	☐
3	☐	☐	☐
4	☐	☐	☐
5	☐	☐	☐
6	☐	☐	☐

Teil 2	richtig	falsch
7	☐	☐
8	☐	☐
9	☐	☐
10	☐	☐

Teil 3	a	b	c
11	☐	☐	☐
12	☐	☐	☐
13	☐	☐	☐
14	☐	☐	☐
15	☐	☐	☐

Lesen

Teil 1	richtig	falsch
1	☐	☐
2	☐	☐
3	☐	☐
4	☐	☐
5	☐	☐

Teil 2	a	b
6	☐	☐
7	☐	☐
8	☐	☐
9	☐	☐
10	☐	☐

Teil 3	richtig	falsch
11	☐	☐
12	☐	☐
13	☐	☐
14	☐	☐
15	☐	☐

Schreiben

Teil 2

Betreff: Frühlingsfest

fünfundfünfzig

HÖRTEXTE

Test 1 – Aufgabe 1

Das ist Marco. Er kommt aus Italien und wohnt in Berlin. Er spricht Italienisch, Englisch und Japanisch.

Und das ist Leon. Er kommt aus Spanien und wohnt in Wien. Er spricht Spanisch und Französisch.

Test 2 – Aufgabe 1

Nummer 1
- … Hm, Martin. Wie heißt denn die Straße?
- Finkenstraße. Finkenstraße 7.
- Danke.

Nummer 2
- Herr Schneider, Sie wohnen in Berlin?
- Ja, in 10199 Berlin.

Nummer 3
- Frau Förster, wie ist Ihre Adresse?
- Meine Adresse ist Leipziger Straße 24.

Nummer 4
- Wie ist deine Handynummer?
- Die Nummer ist 0162-2084453.
- Wie bitte? 0162-208 44 53?
- Ja.
- Danke.

Test 3 – Aufgabe 1

Nummer 1
- Hallo, Selma. Wie geht's?
- Danke, gut.
- Was trinkst du? Limonade?
- Nein, das ist keine Limonade. Das ist Apfelsaft. Sehr lecker. Und du? Was möchtest du?
- Ich nehme Orangensaft.

Nummer 2
- Karan, magst du Kaffee mit Zucker?
- Ja, aber ich trinke lieber Tee mit viel Milch.
- Und du, Meike?
- Ich trinke gern Kaffee ohne Zucker.

Nummer 3
- Was möchten Sie trinken?
- Ich nehme Cola, bitte.
- Mit Eis oder ohne Eis?
- Mit viel Eis.
- Sehr gern.

Nummer 4
- Ich möchte bitte zahlen.
- Ein Milchkaffee und ein Croissant – das macht 4,20 Euro. Danke und 5,80 Euro zurück.

Test 4 – Aufgabe 1

- Hallo, Magnus. Wie geht's?
- Hi, Tari. Danke, gut. Du bist jetzt Food Bloggerin?
- Na ja, ich bin Grafikdesignerin. Aber ich finde das Thema Essen total interessant und poste oft Fotos von Essen im Internet.
- Cool. Das finde ich toll.
- Ja, aber mein Freund mag das nicht. Er isst auch gern in Restaurants, aber er postet keine Fotos von Essen. Und du? Arbeitest du noch als Kellner im Café Mozart?
- Ja, ich mag meine Arbeit im Café.
- Das ist toll. … Boah, ich habe echt Hunger. Vielleicht nehme ich ein Schnitzel mit Kartoffelsalat. Hm … Was nimmst du, Magnus?
- Ich weiß es nicht. Ich esse kein Fleisch und keinen Fisch.
- Isst du gern Sushi? Das Sushi hier ist vegetarisch.
- Nein, Sushi esse ich nicht so gern.
- Und eine Pizza Margherita?
- Gute Idee. Ja, die nehme ich.
- Ich glaube, ich nehme lieber einen Hamburger mit Pommes. Und ich trinke einen Eistee. Und du?
- Eistee mag ich nicht. Hm … vielleicht ein Mineralwasser ohne Eis. Nein, ich nehme lieber einen Apfelsaft.

Test 5 – Aufgabe 1

Nummer 1
- Entschuldigung. Wann fährt die Linie 15 ab?
- Um 15:45 Uhr.
- Und die Linie 19?
- Die Linie 19? Moment … Die Linie 19 fährt neun Minuten später. Um 15:54 Uhr.

Nummer 2
- Guten Tag, Frau Grunwald.
- Hallo, Herr Schmidt.
- Wir haben doch heute einen Termin um halb zwei.
- Ja, stimmt.
- Ich habe ein Problem. Die S-Bahn Linie S3 fällt heute aus. Ich nehme den Bus. Ich komme dann 45 Minuten später, um Viertel nach zwei.
- Kein Problem, Herr Schmidt. Bis gleich!
- Ja, bis gleich!

Nummer 3
- Friseursalon Kreuzberg, guten Tag.
- Guten Tag. Hier ist Frank Mayer. Ich hätte gern einen Termin am Mittwoch um 10:00 oder 11:00 Uhr.
- Einen Moment bitte … Oh, das geht leider nicht. Geht es auch am Mittwochnachmittag?
- Nein, das passt nicht. Und am Donnerstagvormittag?

🟠 Das geht auch nicht. Aber am Donnerstagnachmittag um 16:00 Uhr ist noch ein Termin frei.
💬 Um 16:00 Uhr? Ja, das ist prima.
🟠 Danke und bis Donnerstag.
💬 Auf Wiederhören.

Nummer 4
💬 Hey, Pia. Frühstücken wir zusammen am Freitag?
🟠 Hallo, Leoni. Nein, das geht leider nicht. Da fahre ich zur Uni und am Mittag trinke ich Kaffee mit Carlos im Café Ritz.
💬 Oh, mit Carlos?
🟠 Ja, und von vier bis sechs spiele ich Fußball. Aber kannst du am Freitagabend? Es gibt ein Konzert mit Luigi e Andrea aus Italien.
💬 Super Idee!

Test 6 – Aufgabe 1

Nummer 1
💬 Entschuldigung, können Sie mir helfen? Ich möchte zum Nestroyplatz.
🔵 Zum Nestroyplatz? Moment ... Also, Sie gehen hier geradeaus zur U-Bahn-Station Schweglerstraße. Das ist nicht weit. Und dann fahren Sie mit der U3 zum Stephansplatz. Dort steigen Sie um und fahren mit der U1 bis zum Nestroyplatz. Das sind zwei Haltestellen.
💬 Also, erst die U3 bis zum Stephansplatz und dann nehme ich die U1 zum Nestroyplatz?
🔵 Ja, genau.
💬 Vielen Dank.

Nummer 2
💬 Können Sie mir helfen? Ich möchte zum Schwedenplatz.
🔵 Das ist ganz einfach. Fahren Sie mit der U2 Richtung Rathaus zum Karlsplatz. Am Karlsplatz steigen Sie um und fahren mit der U1 weiter zum Schwedenplatz. Das sind nur zwei Haltestellen.
💬 Vielen Dank.

Nummer 3
💬 Entschuldigung. Ich suche das Café Freud.
🔵 Das Café Freud? Moment ... Ja, Sie gehen hier links in die Liechtensteinstraße und dann biegen Sie rechts in die Berggasse ab. Es ist nicht weit. Das Café ist links.
💬 Also links und dann rechts in die Berggasse? Das Café ist dann links?
🔵 Genau.
💬 Danke.

Nummer 4
💬 Lea, wie kommst du zur Arbeit?
🔵 Ich fahre oft mit dem Bus und manchmal fahre ich auch mit dem Fahrrad.
💬 Fährst du auch manchmal mit der S-Bahn?
🔵 Nein, nie.

Test 7 – Aufgabe 1

💬 Guten Tag. Mein Name ist Mariana Pontes. Heute ist mein erster Arbeitstag.
🔴 Guten Morgen, Frau Pontes und herzlich willkommen in der Agentur Müller. Ich heiße Ben Huber.
💬 Sind Sie auch Entwickler?
🔴 Nein, ich bin Assistent.
💬 Seit wann arbeiten Sie hier?
🔴 Seit zwei Jahren. Ich zeige Ihnen jetzt das Gebäude und auch Ihr Büro. Hier im Erdgeschoss ist mein Büro. Hier sind auch die Büros vom Management und die Konferenzräume.
💬 Aha.
🔴 In der ersten Etage arbeiten die Grafikdesignerinnen und die Grafikdesigner. Und die Mitarbeiterinnen und Mitarbeiter vom Marketing sitzen auch hier. Sie sind ja Programmiererin.
💬 Genau ... und mein Büro ist ...?
🔴 Ihr Büro ist in der zweiten Etage zwischen dem Kopierraum und der Teeküche. Sie sitzen im Büro 254. In dem Büro arbeiten noch drei Kollegen und Kolleginnen. Und dort ist Ihr Arbeitsplatz. Ihr Schreibtisch steht rechts vor dem Fenster.
💬 Oh, rechts vor dem Fenster.
🔴 Und Ihr Computer steht auch schon auf dem Schreibtisch.
💬 Schön ... und wo sind die Toiletten?
🔴 Sie sind links neben dem Fahrstuhl.
💬 Ah ja, danke.
🔴 Die Kantine ist in der dritten Etage. Essen gibt es von halb zwölf bis zwei Uhr.

Test 8 – Aufgabe 1

💬 Hallo, Anita! Schön, dich zu sehen. Wie geht's?
🟢 Super, danke. Und wie geht's dir, Paul?
💬 Auch sehr gut. Du studierst hier im ersten Semester Germanistik?
🟢 Ja, genau.
💬 Und was machst du so in deiner Freizeit?
🟢 Oh, ich mache gern Sport: Fahrradfahren, klettern und Fußball spielen – Fußballspielen ist echt cool. Im Winter fahre ich auch manchmal Snowboard.
💬 Snowboard? Interessant. Kannst du gut Snowboard fahren?

siebenundfünfzig 57

HÖRTEXTE

🟢 Nein, ich kann noch nicht so gut Snowboard fahren. Aber ich kann sehr gut klettern und Fußball spielen. Und du?

⚪ Also, Fitness ist für mich auch wichtig. Ich fahre viel Fahrrad und ich spiele sehr gut Tennis. Fußball? Ich spiele nie Fußball. Und Skifahren kann ich auch nicht, aber ich wander gern. Ich liebe die Natur. Machen wir am Wochenende eine Radtour? Hast du Lust, Anita?

🟢 Am Wochenende? ... Super Idee!

Gesamttest zu den Einheiten 1 bis 8 – Aufgabe 1
Beispiel

⚪ Entschuldigung, ich suche Erik, Erik Schulte. Er ist Programmierer hier.

⚫ Hallo! Ja, Erik. Er sitzt im ... Moment, in der dritten Etage, ja im Büro 305.

⚪ Danke! Gibt es hier einen Aufzug?

⚫ Ja, gleich hier links.

⚪ Büro 305?

⚫ Ja, genau!

Nummer 1

⚪ Hey, Lukas. Wann gehst du wieder ins Büro?

⚫ Am Montag natürlich!

⚪ Am Montag haben wir doch frei!

⚫ Ah ja, stimmt. Eine Sekunde ... Wo ist mein Handy? Ach hier. Am Mittwoch!

⚪ Am Mittwoch?! Ok, ich ...

Nummer 2

⚪ Wie ist Ihre Telefonnummer, bitte, Frau Sánchez?

⚫ Meine Handynummer?

⚪ Ja, gern. Die Handynummer.

⚫ Okay ... einen Moment bitte. Das ist die 0162-2090503.

⚪ Also, die 0162-20 90 503?

⚫ Ja, genau.

Nummer 3

⚪ Linda, hast du einen Marker für mich, bitte?

⚫ Wie bitte?

⚪ Ich habe keinen Textmarker! Hast du einen, bitte?

⚫ Nein, sorry, Tim. Ich habe nur einen Bleistift.

⚪ Okay, danke. Ist schon okay ...

Nummer 4

⚪ Hallo! Was möchten Sie trinken?

⚫ Ich hätte gern einen Kaffee.

⚪ Groß oder klein?

⚫ Ähm ... groß, bitte!

⚪ Möchten Sie ein Wasser dazu?

⚫ Nein, danke.

⚪ Kommt sofort!

Nummer 5

⚪ Wir möchten bitte zahlen!

⚫ Also, zwei Kaffee und ein Wasser ... das macht 4,30 Euro.

⚪ Hier, bitte. Stimmt so.

⚫ Danke!

⚪ Und ich bezahle den Kuchen.

⚫ Für den Kuchen bekomme ich drei Euro, bitte.

⚪ Hier, bitte. Auf Wiedersehen!

Nummer 6

⚪ Herr Schulze, sagen Sie mir bitte noch Ihre Adresse.

⚫ Ich wohne in der Nachtigallstraße 35, 80809 in München.

⚪ Also ... Nachtigallstraße ... 80809 ... in München. Danke!

⚫ Wann kommt das Paket an?

⚪ Ich denke, in zwei bis drei Tagen.

⚫ Wunderbar!

Nummer 7

⚪ Entschuldigung, wie spät ist es?

⚫ Einen Moment, bitte. Ich muss auf mein Handy schauen.

⚪ Das ist sehr lieb. Danke.

⚫ Es ist jetzt halb sieben.

⚪ Genau 18:30 Uhr?

⚫ Na ja ... 18:32 Uhr.

⚪ Oh! Dann ist mein Bus schon weg. Aber danke schön!

⚫ Nichts zu danken.

Nummer 8

⚪ Entschuldigung, mit welchem Bus komme ich zum Hauptbahnhof?

⚫ Nehmen Sie den Bus Nummer siebenhunderteinundzwanzig. Also sieben zwei eins. Der kommt in ... ähm ... sieben Minuten.

⚪ Oh, danke! Wie lange fahre ich?

⚫ Bis zum Hauptbahnhof? Zehn Minuten.

⚪ Dankeschön!

Test 9 – Aufgabe 1

⚪ Hey, Judith.

🟠 Hallo, Henri.

⚪ Das ist sie also - eure Wohnung! Wie lange wohnt ihr hier schon?

🟠 Seit drei Wochen. Unsere Wohnung in der Beethovenstraße war zu klein. Wir hatten nur ein Zimmer.

⚪ Ja, stimmt. Aber das Zimmer war groß.

🟠 Ja, aber jetzt haben wir zwei Zimmer. Ich zeige sie dir. Das ist das Wohnzimmer. Es ist nicht groß, aber sehr gemütlich. Und hier am Schreibtisch kann ich auch arbeiten.

- Wow, das Wohnzimmer sieht sehr schön aus! Und es ist so hell.
- Ja, die Wohnung ist neu renoviert.
- Das Sofa ist auch sehr schön. Ist es neu?
- Ja, es ist neu, aber es war nicht teuer. Und hier rechts ist das Schlafzimmer. Es ist schön, aber nicht sehr hell.
- Aber auch nicht zu dunkel. Die Kommode ist toll. Habt ihr auch einen Balkon?
- Ja. Da arbeite ich auch oft. Das ist …

Test 10 - Aufgabe 1
- Hallo Ralf. Wie war dein Wochenende? Was hast du gemacht?
- Ich habe meine Eltern in Stuttgart besucht. Meine Mutter hatte Geburtstag. Meine Geschwister und Großeltern waren auch da.
- Siehst du deine Eltern oft?
- Nein, nicht so oft. Vielleicht zweimal oder dreimal im Jahr. Nur ein Bruder wohnt noch bei meinen Eltern.
- Wie viele Geschwister hast du?
- Ich habe eine Schwester und zwei Brüder.
- Ah … ein Foto! Das ist deine Familie, oder?
- Ja, genau. Das hier ist meine Mutter und das ist mein Vater.
- Was machen deine Eltern?
- Sie haben ein Restaurant. Meine Mutter leitet den Service, also sie organisiert die Kellner und so … und mein Vater kocht.
- Und hier … ist das deine Freundin?
- Nein, das ist meine Schwester. Sie wohnt in Frankfurt. Sie ist Fotografin und schreibt einen Blog über Fotografie.
- Interessant. Ist sie ledig?
- Sie war verheiratet, aber sie ist seit zwei Jahren geschieden.
- Und das Kind?
- Das ist ihre Tochter, Maja. Sie ist sieben Jahre alt. Meine Eltern lieben ihre Enkeltochter.
- Ja klar. Meine Eltern …

Test 11 – Aufgabe 1
- Hallo, Dimitri. Wie geht's dir?
- Hey, Justyna. Sehr gut. Was machst du jetzt? Arbeitest du noch als Kellnerin und Food Bloggerin?
- Nein, ich habe in Münster studiert und arbeite seit einem Jahr als Journalistin für die Osnabrücker Zeitung.
- Wow! Das ist ja interessant.
- Ja, meine Arbeit macht Spaß. Und was machst du beruflich?
- Ich habe Altenpfleger gelernt. Meine Ausbildung habe ich 2017 beendet. Ich arbeite seit zwei Jahren im Seniorenheim *Sonne* hier in Münster.
- Und wie ist die Arbeit? Ist sie sehr stressig?
- Nein, eigentlich nicht. Als Altenpfleger helfe ich Menschen - das ist genau mein Ding! Und meine Kolleginnen und Kollegen sind super.
- Du arbeitest doch im Schichtdienst, oder?
- Ja, klar. Aber das ist kein Problem für mich.
- Wann arbeitest du lieber?
- Also, ich mag die Spätschicht. Ich stehe nicht gern früh auf. Und die Nachtschicht ist natürlich nicht so toll.

Test 12 – Aufgabe 1
- Guten Tag.
- Guten Tag. Sie wünschen, bitte?
- Ich hätte gern 500 Gramm Tomaten.
- Welche Tomaten möchten Sie? Die Tomaten aus Holland kosten nur 1,49 €. Die Tomaten aus Italien kosten etwas mehr: 1,79 €.
- Ich nehme die Tomaten aus Holland. … Oder, nein, lieber die Tomaten aus Italien.
- Sehr gut - ein halbes Kilo Tomaten. Haben Sie noch einen Wunsch?
- Ja, bitte. Woher kommen die Äpfel?
- Aus Deutschland. Sie sind heute sehr günstig. Sie kosten nur 1,59 € das Kilo.
- Ich nehme ein Kilo. … Nein, warten Sie. Die Orangen sehen sehr gut aus.
- Ja, stimmt. Die Orangen aus Spanien kosten 2,50 € das Kilo. Aber die Orangen hier aus Griechenland sind im Angebot. Sie kosten nur 2,25 € das Kilo und sie sind sehr gut und sehr süß.
- Gut, ich nehme die Orangen aus Griechenland. Zwei Kilo, bitte.
- Bitte. Darf es noch etwas sein?
- Ja, ich brauche noch zehn Zwiebeln und zwei Gurken. Das ist dann alles. Was macht das?
- Einen Moment, bitte … Das macht zusammen 9,48 €.
- Bitteschön. Zehn Euro.
- Danke. Und 52 Cent zurück.

Test 13 – Aufgabe 1
- Guten Tag, mein Name ist Silke Lammers.
- Guten Tag.
- Ich hatte einen Unfall. Ich bin heute Morgen mit dem Fahrrad zur Arbeit gefahren und bin hingefallen. Jetzt habe ich Kopfschmerzen und mein Knie tut weh. Kann mich Dr. Mocker untersuchen?
- Ja, aber Sie müssen ein bisschen warten. Sie können im Wartezimmer Platz nehmen. Wir rufen Sie dann.

HÖRTEXTE

- Vielen Dank. (...)
- Frau Lammers, bitte!
- Guten Tag, Frau Lammers. Was ist denn passiert?
- Ich hatte einen Unfall. Ich bin Fahrrad gefahren und habe telefoniert. Da bin ich hingefallen. Jetzt habe ich Kopfschmerzen und mein Knie tut weh.
- Aha. Ich untersuche Sie mal. Legen Sie sich bitte hin. ... Ja, Ihr Knie ist dick. Tut das weh?
- Au! Jaa.
- Die Verletzung am Knie ist nicht so schlimm, nur eine Verstauchung. ... War Ihnen schlecht?
- Nein, mir war nicht schlecht. Die Kopfschmerzen sind auch nicht mehr so schlimm.
- Okay, aber Sie können in dieser Woche nicht mehr zur Arbeit gehen. Ich schreibe Sie bis Freitag krank. Sie müssen sich zu Hause ausruhen. Lesen Sie nicht und sehen Sie heute und morgen auch nicht fern. Für Ihr Knie bekommen Sie ein Rezept für eine Sportsalbe.
- Danke. Soll ich noch einmal kommen?
- Ja, machen Sie bitte einen Termin für Freitag. Gute Besserung!
- Vielen Dank, Herr Dr. Mocker. Auf Wiedersehen.

Test 14 – Aufgabe 1

- Sieh mal! Wie findest du den Anzug?
- Welchen? Den Grauen?
- Nein, diesen hier. Den Schwarzen. Du trägst doch gern schwarze Anzüge, oder?
- Ja, schon. Aber ist er nicht zu elegant für die Firma?
- Ich finde den Anzug toll. Probier ihn doch mal an.
- Also gut.
- Du trägst doch Größe 48, oder?
- Ja. Gibt es denn noch einen Anzug in Größe 48?
- Hmmm ... ich glaube nicht. Aber hier ist einer in Größe 50. Der passt bestimmt.
- Hm, okay. Ich schau mal. (...)
  Und – was meinst du? Die Hose ist ein bisschen zu lang, oder?
- Nein, er passt doch super.
- Und was kostet er?
- Ah, sieh mal: Er ist im Sale und kostet nur 299 Euro.
- Ich weiß nicht. Soll ich den Anzug wirklich kaufen?
- Ja, ich finde, er ist das perfekte Outfit für deinen Job.
- Also gut. Und 299 Euro ist ja nicht zu teuer.
- Jetzt brauchst du nur noch ein weißes Hemd und eine blaue Krawatte.

Test 15 – Aufgabe 1

- Hallo Hilda. Wie geht's?
- Hey, Kovu. Mir geht's gut. Ich habe dich heute nicht im Seminar gesehen. Wo warst du?
- Ich hatte Bauchschmerzen und war beim Arzt. Aber es geht mir schon wieder besser. Hat der Professor etwas gesagt?
- Nein, nein. Alles gut. ... Sag mal, was machst du am Wochenende?
- Ich muss im Café arbeiten. Und du?
- Ich möchte eine Fahrradtour machen, aber das Wetter wird wieder schlechter.
- Ja, seit einer Woche regnet es fast jeden Tag. Furchtbar!
- Wie ist denn das Wetter bei euch in Kenia im Mai?
- Also in Nairobi ist es eigentlich immer warm. Jahreszeiten wie in Europa kennen wir nicht. Warte, ich schau mal ... hier: Heute sind es in Nairobi 31 Grad und es ist sonnig. Und morgen ist es bewölkt, auch bei 31 Grad.
- Also heiß!
- Ja. Und du, du kommst doch aus Finnland, Hilda?
- Ja, aus Lappland.
- Lappland? Wo liegt denn das?
- Lappland liegt mehr als 1000 Kilometer nördlich von Helsinki.
- Wow. In Finnland ist es im Sommer oft kälter als in Deutschland, oder?
- Also im Sommer ist es in Helsinki genauso warm wie in Deutschland. Im Juli und August gibt es dort viel Sonne und es ist meistens warm, manchmal sogar heiß. In Lappland aber ist es im Sommer nie heiß. Es ist meistens kühl bei 12 bis 17 Grad. Aber ich mag auch den Winter in Lappland. Ich bin ein Wintersportfan. Dann ist es sehr kalt und es gibt fast immer Schnee. Man kann bis Mai Skifahren oder Rodeln. Das ist toll.
- Ich weiß nicht. Ich gehe im Winter lieber schwimmen!

Test 16 – Aufgabe 1

Nummer 1
- Na, wie war dein Urlaub? Wo warst du?
- Ich bin mit Freunden an den Bodensee gefahren. Wir haben dort auf einem Campingplatz gezeltet.
- Gezeltet?
- Ja, eigentlich übernachte ich auch lieber in einem Hotel. Es war aber sehr schön.
- Hattet ihr gutes Wetter?
- Na ja. Wir hatten nur einen Regentag. Aber es war oft bewölkt und ziemlich kühl. Richtig sonnig war es nur an wenigen Tagen.

Nummer 2

🔘 Na, wieder im Büro?
🟢 Leider, ja.
🔘 Wo warst du im Urlaub? Was hast du gemacht?
🟢 Wir sind mit den Rädern an die Ostsee gefahren.
🔘 Ist das nicht sehr weit? Wie lange habt ihr gebraucht?
🟢 Nein, es ist nicht so weit – etwas mehr als 200 Kilometer bis nach Usedom. Wir haben nur vier Tage gebraucht und im Zelt geschlafen. Und auf Usedom waren wir dann zehn Tage. Da haben wir in einem kleinen Hotel gewohnt. Wir hatten tolles Wetter und sind jeden Tag in der Ostsee schwimmen gegangen. Zurück sind wir gestern mit dem Zug gefahren. Du warst noch nicht im Urlaub, oder? Wohin geht deine Reise?
🔘 Ach, ich glaube, ich ...

Nummer 3

🔘 ... Wart ihr wieder am Meer wie letztes Jahr?
🟢 Nein, dieses Jahr bin ich mit meiner Familie nach Österreich gefahren. Wir haben Ferien auf einem Bauernhof gemacht. Den Kindern hat es sehr gut gefallen. Sie lieben Tiere. Und ich bin oft wandern gegangen. Was hast du gemacht?
🔘 Ich bin wieder mit dem Auto nach Italien ans Meer gefahren. Es war super!

Nummer 4

🔘 Hast du deinen Koffer schon gepackt? Wir müssen gleich zum Flughafen fahren.
🟢 Ich bin fast fertig. Hast du meinen E-Reader gesehen?
🔘 Ja, er liegt dort auf deinem Schreibtisch.
🟢 Ah, ja - danke. Hast du die Tickets eingepackt?
🔘 Ja, ich habe sie hier.
🟢 Wo sind meine Kopfhörer? Hast du sie gesehen?
🔘 Nein, aber sie müssen in deinem Schrank sein.
🟢 Nein, da sind sie nicht.
🔘 Wir müssen los!

Gesamttest zu den Einheiten 9 bis 16

Aufgabe 1

Beispiel
Achtung, bitte! Ben, vier Jahre alt, sucht seine Oma. Die Großmutter von Ben, bitte kommen Sie an die Information im Erdgeschoss.

Nummer 1
Liebe Kunden, heute ist unser langer Freitag und wir haben bis 22 Uhr geöffnet. Unser Restaurant ist bis 21 Uhr für Sie da. Genießen Sie die italienischen Wochen, bis 21 Uhr ist das Restaurant geöffnet. Die Läden schließen um 22 Uhr.

Nummer 2
Passagier Mario Kunz, kommen Sie bitte zum Gate 17A. Ich wiederhole, Herr Mario Kunz - Gate 17A. Das Gate schließt in wenigen Minuten.

Nummer 3
Liebe Schülerinnen und Schüler, wir laden Sie herzlich zu unserer Weihnachtsfeier in die Cafeteria ein. Ab 15 Uhr treffen wir uns alle in der Cafetería. Ich freue mich auf Ihr Kommen.

Nummer 4
Liebe Kunden, heute haben wir für Sie ein tolles Mittagsangebot: Eine Hauptspeise mit einem Kaltgetränk oder einem Kaffee für nur 6,95 €. Kommen Sie in unser Restaurant in der dritten Etage!

Nummer 5
Achtung, bitte! Frau Ursula Becker, bitte kommen Sie zur Information. Frau Ursula Becker, gebucht auf Flug LH 44, bitte kommen Sie zur Information.

Nummer 6
... Und nun zum Wetter: Es bleibt heute sonnig bei 24 Grad. Am späten Abend regnet es und es wird windig. Morgen erwarten uns ...

Nummer 7
Liebe Fahrgäste, die Fahrt endet hier. Bitte alle aussteigen. Die Bahn fährt nicht weiter! Ich wiederhole: Bitte alle aussteigen.

Nummer 8
Liebe Kunden, unsere aktuellen Angebote finden Sie wie immer im Erdgeschoss. Diese Woche können Sie ein Schnäppchen bei Sportsachen machen. 30 Prozent auf Sportschuhe und Kleidung - alle Marken. Kommen Sie ins Erdgeschoss!

Aufgabe 2

Beispiel
Hallo Marta, heute kann ich leider nicht zu dir kommen. Mein Kind ist krank. Ich rufe dich in zwei Tagen wieder an. Bis dann!

Nummer 1
Hallo, hier spricht Thomas Köller. Wir haben ja gleich um 15 Uhr einen Termin. Leider komme ich etwas später. Die S-Bahn fährt nicht. Ich komme circa eine halbe Stunde später. Sorry.

Nummer 2
Guten Tag, hier ist die Praxis Dr. Renate Emmerich. Leider bleibt die Praxis bis Mittwoch geschlossen. Rufen Sie uns an und wir machen so schnell wie möglich einen neuen Termin.

HÖRTEXTE

Nummer 3

Hallo Erika, hier ist Marek. Kannst du bitte für unser Sommerfest deinen tollen Nudelsalat machen? Klaus und Miriam bringen Kuchen mit und Thomas die Getränke.

Nummer 4

Hi Marek, hier ist Erika. Soll ich zum Sommerfest auch Rotwein mitbringen? Meine Eltern haben mir sechs Flaschen geschenkt!

Nummer 5

Liebe Familie Möller, leider können wir die Wohnung in der Schillerstraße noch nicht anschauen. Ich habe den Schlüssel noch nicht bekommen. Aber ich bekomme ihn am Wochenende und Anfang nächster Woche können Sie dann die Wohnung sehen. Rufen Sie mich zurück und wir machen einen Termin. Bis dann!

Nummer 6

Hi Mareike, hier ist Anna. Hast du schon das neue Studio gesehen? Die öffnen am Samstag! Da kann man kostenlos Yogakurse ausprobieren! Wollen wir uns dort um 10 Uhr treffen? Das Studio ist neben dem Supermarkt.

Modelltest Start Deutsch A1

Teil 1

Beispiel

- Also, Sie haben eine Erkältung. Nehmen Sie diese Tabletten dreimal am Tag.
- Also, jedes Mal eine Tablette?
- Ja, eine Tablette morgens, eine mittags und eine abends. Am besten nach dem Essen.
- Danke. Und …

Nummer 1

- Wo wollen wir denn am See übernachten? Im Zelt, im Hotel oder in einer Ferienwohnung? Es sind insgesamt drei Nächte.
- Vielleicht im Hotel, aber wir sind viele. Das ist teuer. Ich denke, wir zelten! Ja, unser Zelt ist doch so groß. Da passen wir alle rein!

Nummer 2

- Entschuldigung, ich suche einen Parkplatz. Gibt es hier in der Nähe einen?
- Ja … warten Sie mal. Fahren Sie geradeaus und dann links. Da sehen Sie ihn schon.
- Also hier geradeaus und dann die Nächste links?
- Ja, genau.
- Dankeschön! Ich hoffe, da ist noch ein Platz frei.
- Ach bestimmt, er ist sehr groß.

Nummer 3

- Möchtest du Pommes essen?
- Hm, ich weiß nicht. Was kostet eine Portion?
- 4,30 €. Ein bisschen teuer, findest du nicht?
- Ja. Sind ja nur Pommes. Ich nehme lieber Fisch mit Kartoffeln für 6,90 €. Das ist ein richtiges Essen.

Nummer 4

- Hallo, ich bin neu hier.
- Hi! Herzlich willkommen! Wie kann ich dir helfen?
- Ach danke! Ich muss ein paar Kopien machen … Und dann suche ich die Kantine?
- Der Kopierraum ist in der vierten Etage. Wie mein Büro …
- Toll! Dann kannst du mir ja auch den Fahrstuhl zeigen.
- Klar! Und die Kantine ist im Erdgeschoss, gleich neben dem Fahrstuhl.

Nummer 5

- Guten Tag, Frau Sommer. Wie kann ich Ihnen helfen?
- Guten Tag. Mein Knie tut weh. Ich kann schlecht laufen.
- Darf ich mal sehen? Sind sie hingefallen?
- Ja, aber eigentlich auf meinen Arm. Das war gestern.
- Wie sind Sie gefallen? Haben Sie …

Nummer 6

- Hallöchen! Warst du shoppen?
- Ja, ich bin jetzt so müde …
- Hast du endlich ein schwarzes Kleid gefunden?
- Leider nein. Aber ich habe mir ein rotes Kleid gekauft! Und schwarze Schuhe! Ein perfektes Outfit für den Abend.
- Und eine schwarze Tasche hast du dir auch gekauft?
- Nein. Ich habe so viele Taschen zu Hause. Da …

Teil 2

Beispiel

Liebe Kunden, besuchen Sie uns an unserem verkaufsoffenen Sonntag. Nur diesen Sonntag haben wir für Sie von 13 bis 18 Uhr geöffnet. Kommen Sie vorbei! Wir freuen uns auf Sie!

Nummer 7

Informationen zum Zug 765 nach Linz. Der Zug fährt heute vom Gleis 11 ab. Ich wiederhole: Zug 765 nach Linz – heute vom Gleis 11.

Nummer 8
Verehrte Kunden, unser Geschäft schließt um 20 Uhr. Bitte gehen Sie an die Kassen zum Bezahlen. Wir schließen in wenigen Minuten. Vielen Dank und auf Wiedersehen!

Nummer 9
Und hier eine Sondermeldung: Liebe Hörerinnen und Hörer: Bitte gehen Sie nicht aus dem Haus. Es bleibt weiter sehr stürmisch. Der Wind ist sehr stark und viele Bäume liegen schon auf den Straßen.

Nummer 10
Liebe Fahrgäste, an diesem Wochenende fahren alle Kunden mit unseren Bussen und Bahnen kostenlos. Ab Freitag 18 Uhr bis Sonntag 24 Uhr müssen Sie keine Fahrkarten kaufen.

Teil 3
Beispiel
Hallo Philipp. Leider kann ich jetzt nicht telefonieren. Kannst du morgen zwischen 10 und 11 Uhr sprechen? Dann erzähle ich dir, was mir unser Chef gesagt hat.

Nummer 11
Hallo Alina, wir treffen uns gleich zum Sport. Ich hoffe, du hast es nicht vergessen. Kannst du bitte eine Stoppuhr mitnehmen? Ich bringe zwei Flaschen Mineralwasser mit. Bis gleich!

Nummer 12
Guten Tag, Frau Lindemann. Leider ist Herr Gürke krank und Ihr Termin kann am Mittwoch nicht stattfinden. Können Sie in der nächsten Woche am Donnerstag gegen 13 Uhr? Bitte rufen Sie uns kurz zurück.

Nummer 13
Hallo, hier spricht Ida Lindemann. Leider kann ich nächste Woche Donnerstag um 13 Uhr nicht kommen. Da habe ich einen anderen Termin. Ich kann aber am Donnerstag oder Freitag um 10 Uhr da sein. Was passt Ihnen besser?

Nummer 14
Hallo, hier spricht Ihr Nachbar Krüger aus dem Erdgeschoss. Heute war die Post da, es gibt ein Paket für Sie. Es ist bei mir in der Wohnung. Bitte holen Sie es noch heute ab. Ich fahre morgen in den Urlaub. Bis dann.

Nummer 15
Ja, hallo, mein Name ist Koch. Wir haben bei Ihnen eine Torte bestellt. Mein Mann wird ja 60 Jahre alt. Können Sie die Torte größer machen, bitte? Es kommen 25 Gäste. Danke schön und auf Wiederhören!

LÖSUNGEN

1 Sommerkurs in Leipzig

Testteil	Aufgabe	Was wird getestet?	Lösungen
Hören	1	Personen vorstellen: hören, wer welche Sprachen spricht	M Englisch – M Italienisch – L Spanisch – L Französisch – / Polnisch – M Japanisch
Wortschatz	2	Dinge im Kursraum ergänzen	1 das Buch – 2 das Heft – 3 der Kuli – 4 der Bleistift – 5 der Stuhl – 6 der Tisch
	3	Fragen und Antworten zur Person zuordnen	1. Wie heißt du? – 2. Wie schreibt man das? – 3. Woher kommst du? – 4. Wo wohnst du? – 5. Welche Sprachen sprichst du?
Lesen	4	In einem Vorstellungstext Informationen zu einer Person verstehen und in ein Anmeldungsformular übertragen	Name: Sarif – Vorname: Elham – Land: Iran – Stadt: Arak – Sprache(n): Farsi, Englisch
Grammatik	5	Verbendungen ergänzen	1. e – 2. st – 3. t – 4. t – 5. t – 6. e
Schreiben	6	Ich-Text: schreiben, wie man heißt, woher man kommt, wo man wohnt und welche Sprachen man spricht	*Beispiel:* Mein Name ist Annika, ich komme aus Schweden und wohne in Berlin. Ich spreche Schwedisch, Englisch und ich lerne Deutsch.

2 Möller oder Müller?

Testteil	Aufgabe	Was wird getestet?	Lösungen
Hören	1	Zahlen (Handynummer, in Adressen) verstehen	1. b – 2. c – 3. a – 4. b
Wortschatz	2	Zahlen	1. 12 – 2. 19 – 3. 90 – 4. 28 – 5. 82
	3	Wortfeld Brief	1. Carmen Mata – 2. Nürnberg, Berlin – 3. die Hausnummer – 4. die Postleitzahl – 5. Leo Müller
	4	Antworten auf Nachfragen zuordnen	1. c – 2. e – 3. b – 4. a – 5. d
Grammatik	5	Artikel und Pluralformen	1. der/Briefe – 2. der/Briefkästen – 3. das/Pakete – 4. die/Postkarten – 5. das/Häuser – 6. der/Namen
Schreiben	6	Ich-Text: den Namen, das Herkunftsland, die Adresse und Handynummer angeben	*Beispiel:* Ich heiße Annika, ich komme aus Schweden und meine Muttersprache ist Schwedisch. Ich wohne in Berlin, in der Klugstr. 3. Meine Handynummer ist 0162 208 44 53.

3 Arbeiten im Café

Testteil	Aufgabe	Was wird getestet?	Lösungen
Hören	1	kurze Dialoge im Café verstehen	1. a – 2. b – 3. a – 4. b
Wortschatz	2	Getränke und Beigaben (Zucker etc.) ergänzen	1. Das ist ein Kaffee. Sie braucht Milch. 2. Das ist ein Tee. Sie braucht viel Zucker. 3. Das ist ein Wasser. Sie braucht Eis.
	3	Antworten Fragen zuordnen	1. a – 2. a – 3. a – 4. a – 5. b
	4	sagen, was man macht: Verben ergänzen	1. wohne – 2. studiere – 3. arbeite – 4. mag
Grammatik	5	Artikel ergänzen	1. ein – 2. kein – 3. ein – 4. der
Lesen	6	eine Nachricht verstehen	1. falsch – 2. richtig – 3. richtig – 4. falsch
Schreiben	7	auf eine Nachricht antworten	*Beispiel:* Danke für die Nachricht. Ich komme gern. Bis später! Judith

4 Lecker essen!

Testteil	Aufgabe	Was wird getestet?	Lösungen
Hören	1	ein Gespräch in einem Restaurant verstehen	1. b – 2. c – 3. a – 4. b
Wortschatz	2	Gerichte in Sätzen ergänzen	1. Salat - 2. Kuchen – 3. Fisch – 4. Hähnchen – 5. Tomatensuppe – 6. Käse
	3	Fragen und Antworten zuordnen	1. f – 2. a – 3. e – 4. b – 5. d
Lesen	4	Profile: Informationen über Personen verstehen	1. richtig – 2. falsch – 3. falsch – 4. richtig – 5. falsch
Grammatik	5	Artikel im Akkusativ	1. kein – 2. einen – 3. den – 4. die
Schreiben	6	Foodblog: ein Gericht beschreiben	*Beispiel:* Ich esse ein Steak mit Kartoffeln und Salat. Ich liebe Steak und das ist hier sehr gut. Aber ich finde den Salat nicht so lecker.

5 Hast du Zeit?

Testteil	Aufgabe	Was wird getestet?	Lösungen
Hören	1	Zeitangaben in kurzen Dialogen verstehen	1. b – 2. b – 3. c – 4. a
Wortschatz	2	Uhrzeiten: Ziffern Wörtern zuordnen	1. g – 2. f – 3. b – 4. c – 5. e
	3	Fragen und Antworten zu Verabredungen zuordnen	1. a – 2. b – 3. b – 4. a – 5. a – 6. b
Lesen	4	eine Einladung verstehen	1. richtig – 2. falsch – 3. richtig – 4. falsch
Grammatik	5	Sätze mit trennbaren Verben und Präpositionen in Zeitangaben ergänzen	1. Am Dienstag steht Roman um sechs Uhr auf. – 2. Am Mittwoch kauft Roman am Nachmittag ein. – 3. Am Donnerstag holt Roman um 16 Uhr Freunde ab. – 4. Am Freitag geht Roman am Abend weg. – 5. Am Samstag frühstückt Roman um 11 Uhr mit Freunden.
Schreiben	6	Ich-Text: über seine Wochenendpläne schreiben	*Beispiel:* 1. Am Wochenende stehe ich spät auf. – 2. Am Samstag kaufe ich ein und am Abend gehe ich gern weg. – 3. Am Sonntag arbeite ich nicht, ich sehe lieber fern.

6 Meine Stadt

Testteil	Aufgabe	Was wird getestet?	Lösungen
Hören	1	Wegbeschreibungen und Informationen zu Verkehrsmitteln verstehen	1. a – 2. c – 3. a – 4. b
Wortschatz	2	Verkehrsmittel nennen	A Bus – B Auto – C Fahrrad – D U-Bahn – E Zug – F zu Fuß
	3	Fragen und Antworten zuordnen	1. a – 2. a – 3. b – 4. a – 5. b
Lesen	4	eine Wegbeschreibung verstehen	Bild A ist richtig.
Grammatik	5	das Verb *sein* im Präteritum ergänzen	1. warst – 2. war – 3. waren – 4. war – 5. war
	6	Possessivartikel ergänzen	1. mein – 2. eure – 3. unsere – 4. seine – 5. ihre
Schreiben	7	Ich-Text: den Weg zur Sprachschule beschreiben	*Beispiel:* 1. Ich fahre mit dem Fahrrad. 2. Zuerst fahre ich geradeaus, dann biege ich rechts in die Berggasse ab. 3. Die Sprachschule ist dann 100 m weiter links.

LÖSUNGEN

7 Der neue Job

Testteil	Aufgabe	Was wird getestet?	Lösungen
Hören	1	Dialog: Information zum Arbeitsplatz / über das Gebäude verstehen	1. a – 2. a – 3. b – 4. b
Wortschatz	2	Gegenstände im Büro ergänzen	A Tastatur – B Ordner - C Papierkorb – D Lampe – E Stifte – F Notizblock
	3	Wortverbindungen: Nomen und Verben verbinden	1. f – 2. c – 3. a – 4. g – 5. b – 6. d
Lesen	4	eine E-Mail über den neuen Arbeitsplatz verstehen	1. falsch – 2. falsch – 3. richtig – 4. richtig – 5. richtig
Grammatik	5	Präpositionen (Wo ist etwas?) ergänzen	1. neben – 2. auf – 3. unter – 4. im – 5. zwischen
Schreiben	6	eine Firma beschreiben	*Beispiel:* 1. Satz & Form ist eine Agentur für Grafikdesign in München. – 2. 36 Mitarbeiterinnen und Mitarbeiter arbeiten in acht Büros auf zwei Etagen.

8 Freizeit und Hobbys

Testteil	Aufgabe	Was wird getestet?	Lösungen
Hören	1	Dialog: Angaben zum Freizeitverhalten verstehen	1. a A – b A – c P 2. a A – b P – c P
Wortschatz	2	Hobbys zuordnen	1. B – 2. C – 3. E – 4. A – 5. D
Lesen	3	Nomen in einen Text über einen Studenten ergänzen	1. Semester – 2. Studierende – 3. Sport – 4. Tennis – 5. Eislaufen
Grammatik	4	*haben* und *sein* im Präteritum ergänzen	1. hatte – 2. war – 3. Hattest – 4. war – 5. hatte – 6. hatten – 7. Wart – 8. hatte
	5	Sätze mit dem Modalverb *können* schreiben	1. Martine kann sehr gut fotografieren. 2. Ich kann morgen nicht kommen. 3. Kannst du Ski fahren? 4. Wann können Sie die Präsentation zeigen?
Schreiben	6	Ich-Text: beschreiben, was man am Wochenende tun kann	*Beispiel:* 1. Am Wochenende kann ich lange schlafen. 2. Ich kann Freunde treffen und lange weggehen. 3. Ich kann auch einkaufen oder Sport machen.

Gesamttest zu den Einheiten 1–8

Testteil	Aufgabe	Was wird getestet?	Lösungen
Hören	1	Informationen in Dialogen verstehen	1. a – 2. c – 3. c – 4. a – 5. b – 6. c – 7. a – 8. c
Lesen	2	Anzeigen aus dem Internet verstehen	1. a – 2. b – 3. a – 4. b – 5. b
	3	eine E-Mail verstehen	1. falsch – 2. richtig – 3. falsch – 4. richtig – 5. richtig
Schreiben	4	ein Formular ausfüllen	1. María – 2. Rodríguez Gómez – 3. Spanisch – 4. Theodor-Krug-Str. 45 – 5. 50674 – 6. Deutsch
	5	einen Brief beschriften	1. María Rodríguez Gómez – 2. Theodor-Krug-Str. 45 – 3. 50674 Köln – 4. Sofia Jimenez – 5. Schmiedestr. 5 – 6. 48143 Münster
	6	sich vorstellen	*Beispiel:* Ich komme aus China, aus Peking. Ich spreche Deutsch, Englisch und Chinesisch. Ich wohne jetzt in Bonn und studiere hier. In der Freizeit treffe ich gern Freunde und ich schwimme viel. Mein Lieblingsessen ist Reis mit Gemüse und Fisch.

9 Zuhause

Testteil	Aufgabe	Was wird getestet?	Lösungen
Hören	1	ein Gespräch über eine neue Wohnung verstehen	1. b – 2. c – 3. a – 4. a
Wortschatz	2	Möbel ergänzen	1. ein Regal – 2. einen Tisch – 3. einen Fernseher – 4. eine Kommode – 5. einen Teppich – 6. ein Sofa
	3	Wo ist etwas: Verben *stehen, hängen, liegen*	1. c – 2. b – 3. c
	4	Adjektive (das Gegenteil) ergänzen	1. teuer – 2. hell – 3. ruhig – 4. alt
Lesen	5	Texte über Wohnformen verstehen	1. C – 2. / – 3. B – 4. A
Grammatik	6	Präpositionen *auf, neben, unter, vor* (+ Dativ)	1. B – 2. D – 3. A – 4. C
Schreiben	7	Ich-Text: über die eigene Wohnsituation schreiben	*Beispiel:* Ich wohne in einem Haus mit Garten. Dort habe ich ein Zimmer. Es ist klein, aber günstig. In dem Zimmer steht ein Bett, neben dem Bett, vor dem Fenster, gibt es einen Schreibtisch und ich habe auch einen Schrank.

10 Familie Schumann

Testteil	Aufgabe	Was wird getestet?	Lösungen
Hören	1	ein Gespräch über die Familie verstehen	1. a – 2. b – 3. b – 4. c
Wortschatz	2	Familienwörter in einem Text ergänzen	1. Schwester – 2. verheiratet – 3. Kinder – 4. Eltern – 5. Großeltern – 6. Neffe
	3	Wortverbindungen: Nomen und Verb	1. e – 2. b – 3. c – 4. a
Lesen/Grammatik	4	einen Text über das Berufsbild *Köchin* mit Verben im Perfekt ergänzen	1. gelernt – 2. gearbeitet – 3. geheiratet – 4. gewohnt – 5. gekauft
Grammatik	5	Possessivartikel ergänzen	1. deine – 2. meine – 3. ihr – 4. deine – 5. ihren
Schreiben	6	Ich-Text: über die eigene Familie schreiben	*Beispiel:* 1. Ich war bis 2017 verheiratet, jetzt bin ich geschieden. 2. Ich habe zwei Kinder, eine Tochter und einen Sohn. 3. Ich habe einen Bruder, er lebt bei meinen Eltern und mein Vater ist schon sehr alt.

11 Viel Arbeit

Testteil	Aufgabe	Was wird getestet?	Lösungen
Hören	1	ein Gespräch mit einem Altenpfleger verstehen	1. c – 2. b – 3. b – 4. b
Wortschatz	2	Berufe, Orte und Tätigkeiten verbinden	1. D f – 2. F e – 3. E a – 4. A b – 5. B c
	3	Wortverbindungen: Nomen und Verb	1. b – 2. a – 3. c – 4. c
Lesen	4	ein Mitarbeiter-Interview aus dem Intranet verstehen	1. richtig – 2. falsch – 3. falsch – 4. richtig – 5. falsch
Grammatik	5	Perfekt: Partizip-II-Formen ergänzen	1. studiert – 2. beendet – 3. gearbeitet – 4. programmiert – 5. kennengelernt – 6. besucht
Schreiben	6	Ich-Text: über die eigene Ausbildung oder den Beruf schreiben	*Beispiel:* 1. Ich habe in Zagreb Mathematik studiert und dann zwei Jahre an der Universtät gearbeitet. 2. Im Moment arbeite ich nicht, ich lerne Deutsch. 3. Ich möchte gerne als Controller in einer Firma in München arbeiten.

LÖSUNGEN

12 Essen und trinken

Testteil	Aufgabe	Was wird getestet?	Lösungen
Hören	1	einen Dialog am Marktstand verstehen	1. richtig – 2. falsch – 3. richtig – 4. falsch
Wortschatz	2	Lebensmittelbezeichnungen ergänzen	1. Glas – 2. Packung – 3. Tafel – 4. Dose – 5. Stück
	3	Wortfeld Zubereitung: ein Rezept ergänzen	1. putzen – 2. schneiden – 3. geben – 4. braten – 5. dazutun – 6. kochen
Lesen	4	eine Anzeige von einem Lieferdienst verstehen	1. falsch – 2. falsch – 3. richtig – 4. richtig
Grammatik	5	Modalverb *müssen*	1. Musst – 2. muss – 3. müssen – 4. müssen – 5. muss
Schreiben	6	Ich-Text: über die eigenen Vorlieben beim Essen schreiben	*Beispiel:* 1. Ich esse sehr gern Nudeln mit Fleisch und ich trinke am liebsten Mineralwasser, abends auch gerne einen Wein. 2. Ich gehe nicht oft ins Restaurant, das ist teuer und ich koche sehr gern. 3. Mein Lieblingsessen ist Wiener Schnitzel.

13 Fit und gesund

Testteil	Aufgabe	Was wird getestet?	Lösungen
Hören	1	einen Dialog beim Arzt verstehen	1. falsch – 2. richtig – 3. richtig – 4. falsch
Wortschatz	2	Körperteile Schmerzen zuordnen	1. Bein – 2. Knie – 3. Bauch – 4. Rücken – 5. Arm
	3	Verben zu passenden Nomen zum Thema Arztbesuch schreiben	1. nehmen – 2. auftragen – 3. hochlegen – 4. zeigen – 5. haben
	4	Redemittel beim Arzt ergänzen	1. b – 2. b – 3. a – 4. a – 5. a
Lesen/ Grammatik	5	einen Reiseblog verstehen und Verben im Perfekt ergänzen	1. sind/gefahren – 2. haben/angeschaut – 3. bin/geschwommen – 4. ist/geblieben – 5. habe/gesehen – 6. bin/hingefallen
Schreiben/ Grammatik	6	Ratschläge im Imperativ formulieren	1. Dann nimm eine Tablette. – 2. Dann probier Yoga aus. – 3. Dann geh zum Arzt. – 4. Dann iss etwas. – 5. Dann leg das Bein hoch.

14 Voll im Trend

Testteil	Aufgabe	Was wird getestet?	Lösungen
Hören	1	einen Dialog über einen Anzugkauf verstehen	1. richtig – 2. falsch – 3. richtig – 4. falsch
Wortschatz	2	Kleidungsstücke und Farben zuordnen	1. weiße Blusen/Shirts – 2. schwarze Hosen – 3. beige Schuhe – 4. weiße Hemden – 5. blaue Krawatten – 6. graue Anzüge
	3	Adjektive (das Gegenteil) ergänzen	1. teuer – 2. lang – 3. altmodische – 4. elegante – 5. schwarze
Lesen	4	einen Dialog im Modegeschäft verstehen und ordnen	4 – 5 – 1 – 2 – 3
Grammatik	5	Adjektive nach dem unbestimmten Artikel im Akkusativ ergänzen	1. es – 2. en/en – 3. e – 4. en/en
Schreiben	6	Ich-Text: über den eigenen Kleidungsstil schreiben	*Beispiel:* In der Firma haben wir keinen Dresscode und ich trage oft Jeans und eine Bluse / ein Hemd. Ich gehe nicht gern shoppen, das finde ich langweilig. Im Moment trage ich sehr gern meine roten Jeans.

15 Jahreszeiten und Feste

Testteil	Aufgabe	Was wird getestet?	Lösungen
Hören	1	ein Gespräch über das Wetter und die Jahreszeiten verstehen	1. b – 2. a – 3. b – 4. a
Wortschatz	2	eine E-Mail mit Wetterwörtern ergänzen	1. warm – 2. Grad – 3. geregnet – 4. bewölkt – 5. kalt – 6. geschneit – 7. Schnee – 8. wärmer – 9. Wolken
	3	Antworten in einem Smalltalk zuordnen	1. a – 2. b – 3. b
Lesen	4	einen Text über das Oktoberfest verstehen	1. falsch – 2. falsch – 3. richtig – 4. falsch – 5. richtig
Grammatik	5	Komparation mit *wie* und *als*	1. mehr als – 2. warm wie – 3. besser als – 4. lieber im Sommer Urlaub als – 5. schön wie
Schreiben	6	über das Wetter schreiben	*Beispiel:* 1. Gestern war es sehr heiß, über 32 Grad und sehr sonnig. 2. Heute ist es bewölkt und es gibt Gewitter.

16 Ab in den Urlaub!

Testteil	Aufgabe	Was wird getestet?	Lösungen
Hören	1	Kurzdialoge zum Thema Urlaub verstehen	1. b – 2. c – 3. a – 4. c
Wortschatz	2	Tierwörter ergänzen	1. Katzen – 2. Hund – 3. Pferde – 4. Kühe – 5. Schweine – 6. Hühner
Lesen	3	einen Text über die Urlaubsziele der Deutschen verstehen	1. richtig – 2. falsch – 3. richtig – 4. richtig – 5. falsch
Grammatik	4	Urlaubsziele und passende Präpositionen ergänzen	1. in den Wald – 2. ans Meer – 3. in die USA – 4. ins Museum
	5	Personalpronomen im Akkusativ	1. ihn – 2. es – 3. dich – 4. sie – 5. uns
Schreiben	6	Ich-Text: über den eigenen Lieblingsurlaub schreiben	*Beispiel:* Am liebsten fahre ich im Sommer ans Meer. Aber ich mag auch die Berge. In Spanien und auch in der Türkei kann ich am Strand liegen und im Meer schwimmen und in den Bergen wandern und klettern. Ich fahre meistens mit Freunden in den Urlaub.

Gesamttest zu den Einheiten 9–16

Testteil	Aufgabe	Was wird getestet?	Lösungen
Hören	1	Ansagen verstehen	1. falsch – 2. richtig – 3. richtig – 4. falsch – 5. richtig – 6. falsch – 7. falsch – 8. richtig
	2	Sprachnachrichten verstehen	1. b – 2. a – 3. c – 4. c – 5. b – 6. a
Lesen	3	Anzeigen aus dem Internet verstehen	1. b – 2. b – 3. a – 4. b – 5. a – 6. a
	4	Mitteilungen auf Aushängen verstehen	1. richtig – 2. richtig – 3. falsch – 4. richtig – 5. falsch – 6. richtig
Schreiben	5	ein Formular ausfüllen	1. 03.08.2021 – 2. vier – 3. zwei – 4. ja
	6	eine E-Mail schreiben	*Beispiel:* Lieber Herr Konrad, leider kann ich nicht zur Arbeit / ins Büro kommen. Ich habe Bauchschmerzen und bin heute zum Arzt gegangen. Er hat mich bis Montag krankgeschrieben. Am Dienstag komme ich wieder ins Büro. Viele Grüße

LÖSUNGEN

Modelltest Start Deutsch 1

Testteil	Aufgabe	Lösungen
Hören	Teil 1	1. b – 2. c – 3. c – 4. b – 5. a – 6. b
	Teil 2	7. falsch – 8. richtig – 9. richtig – 10. richtig
	Teil 3	11. c – 12. b – 13. a – 14. b – 15. a
Lesen	Teil 1	1. richtig – 2. falsch – 3. falsch – 4. richtig – 5. falsch
	Teil 2	6. b – 7. b – 8. b – 9. a – 10. b
	Teil 3	11. falsch – 12. richtig – 13. falsch – 14. richtig – 15. falsch
Schreiben	Teil 1	1. 43 – 2. Kellner – 3. Kopernikusstraße, 28 – 4. Ulm – 5. der Rücken
	Teil 2	*Beispiel:* Liebe Nachbarn, ich möchte sehr gern mit euch ein Frühlingsfest feiern. Es soll am Samstag, den 26. Juli stattfinden, ab 14 Uhr. Am besten feiern wir in unserem Garten. Er ist schön groß. Das Fleisch und die Getränke kaufen wir ein. Könnt ihr Salate, Brot und Käse mitbringen? Ich freue mich auf euch! Liebe Grüße (Name)
Sprechen	Teil 1	*Beispiel:* Mein Name ist Adèle Dubois. Ich bin 28 Jahre alt. Ich komme aus Frankreich. Die Stadt heißt Lille. Ich wohne seit einem Jahr in Japan, in Tokio. Ich spreche Französisch, Englisch, Japanisch und Deutsch. Außerdem lerne ich Koreanisch. Ich arbeite als Verkäuferin, aber nicht im Supermarkt. Ich verkaufe Kleidung. In meiner Freizeit singe ich in einer Band.
	Teil 2	*Beispiel:* **Thema: Gesundheit** Isst du viel Gemüse und Obst? – Ja, ich esse jeden Tag Obst und Gemüse. Machst du viel Sport? – Nicht so viel. Manchmal gehe ich joggen. Hast du oft eine Erkältung? – Nein, die letzte Erkältung hatte ich im Jahr 2017. Musst du Medikamente nehmen? – Nein, ich muss keine Medikamente nehmen / Ja, jeden Tag. Gehst du gern in die Sauna? – Nein, das ist mir zu heiß. / Ja, das ist sehr gesund. Trinkst du Alkohol? – Nein, ich trinke keinen Alkohol. / Ja, manchmal trinke ich gern ein Bier. **Thema Feste** Wann war deine letzte Party? – Im Oktober, an meinem Geburtstag. Welche Feste feiert deine Familie? – Unser wichtigstes Fest ist Ramadan/Weihnachten/Semana Santa. Was trinkst du am liebsten auf einem Fest? – Am liebsten trinke ich Rotwein. Feierst du gern Sommerfeste? – Ja, ich liebe Sommerfeste. Was isst du am liebsten auf einem Fest? – Am liebsten grillen wir Fleisch. Wo feierst du am liebsten? – Am liebsten feier ich draußen, in einem Park oder Garten.
	Teil 3	*Beispiel:* 1. Kannst du bitte etwas leiser sein. – Natürlich. Entschuldige. 2. Entschuldigung, wann fährt der Bus ab? – In drei Minuten. 3. Kann ich bitte noch ein Stück Kuchen haben? – Ja, sehr gern. Bitte. 4. Wo sind die Toiletten, bitte? – Die sind gleich hier links. 5. Kann ich bei Ihnen ein Hotelzimmer reservieren? – Natürlich, zum Beispiel im Hotel am Marktplatz. Das ist sehr schön. 6. Kann ich ein Foto (von dem Bild) machen? – Nein, leider nicht. Hier darf man nicht fotografieren. 7. Können Sie mir die Uhrzeit sagen, bitte? – Es ist Viertel nach eins. 8. Ich habe Bauchschmerzen. Was soll ich tun? – Trink einen Tee oder geh zum Arzt. 9. Entschuldigung, hast du einen Bleistift für mich? – Ich habe leider nur einen Kuli. 10. Entschuldigung, was kostet das? – Das (Kleid/Hemd/…) ist im Sale. Es kostet nur 64,99 €. 11. Kann ich mit Karte zahlen? – Tut mir leid, hier können Sie nicht mit Karte bezahlen. 12. Können wir einen Termin machen? – Ja klar, geht es am Montag, um 11 Uhr?

AUDIODATEIEN

Track	Titel	Seite
01	Nutzerhinweis	
02	Test 1, Aufgabe 1	8
03	Test 2, Aufgabe 1	10
04	Test 3, Aufgabe 1	12
05	Test 4, Aufgabe 1	14
06	Test 5, Aufgabe 1	16
07	Test 6, Aufgabe 1	18
08	Test 7, Aufgabe 1	20
09	Test 8, Aufgabe 1	22
10	Gesamttest zu den Einheiten 1 bis 8, Aufgabe 1, Beispiel	24
11–18	Gesamttest zu den Einheiten 1 bis 8, Aufgabe 1, Nummer 1 bis 8	24
19	Test 9, Aufgabe 1	28
20	Test 10, Aufgabe 1	30
21	Test 11, Aufgabe 1	32
22	Test 12, Aufgabe 1	34
23	Test 13, Aufgabe 1	36
24	Test 14, Aufgabe 1	38
25	Test 15, Aufgabe 1	40
26	Test 16, Aufgabe 1	42
27	Gesamttest zu den Einheiten 9 bis 16, Aufgabe 1	44
28	Gesamttest zu den Einheiten 9 bis 16, Aufgabe 2, Beispiel	44
29–34	Gesamttest zu den Einheiten 9 bis 16, Aufgabe 2, Nummer 1 bis 6	44
35	Modelltest, Hören Teil 1, Beispiel	48
36–41	Modelltest, Hören Teil 1, Nummer 1 bis 6	48
42	Modelltest, Hören Teil 2	49
43	Modelltest, Hören Teil 3	49

Alle Audiodateien sind als kostenloser Download online unter
www.cornelsen.de/webcodes verfügbar. Geben Sie dafür folgenden Code ein: **wurezo**

Sprecherinnen und Sprecher: Melissa Jung, Kim Pfeiffer, Benjamin Plath, Christian Schmitz
Tonstudio: Clarity Studio Berlin
Tontechnik: Gislinde Böhringer, Hüseyin Dönertaş
Regie und Aufnahmeleitung: Susanne Kreutzer

BILDQUELLEN

Cover: Copyright/Rosendahl, Daniel Mayer; **U 4:** Cornelsen/Rosendahl Berlin, Agentur für Markendesign; **S. 8** (1): Shutterstock.com/OlekStock; (2): Shutterstock.com/Roman Sotola; (3): Shutterstock.com/Pixel Embargo; (4): Shutterstock.com/Vitaly Zorkin; (5): Shutterstock.com/Aleksey Zhuravlev; (6): Shutterstock.com/Piyawat Nandeenopparit; **S. 9** (oben): stock.adobe.com/Eziz; **S. 11** (0): stock.adobe.com/Erik Lam/Erik; (1): Shutterstock.com/Agnes Kantaruk; (2): Shutterstock.com/Andreas Krumwiede; (3): Shutterstock.com/New Africa; (4): Shutterstock.com/jakkapan; (5): Shutterstock.com/Kristi Blokhin; (6): Shutterstock.com/Mile Atanasov; **S. 12** (Eis): Shutterstock.com/Valentyn Volkov; (Kaffee): Shutterstock.com/Photoongraphy; (Milch): Shutterstock.com/Angorius; (Tee): Shutterstock.com/Africa Studio; (Wasser): Shutterstock.com/studiovin; (Zucker): Shutterstock.com/Billion Photos; **S. 13** (oben): stock.adobe.com/leszekglasner; **S. 14** (1): Shutterstock.com/Larisa Blinova; (2): Shutterstock.com/ABrazzeal; (3): Shutterstock.com/Jacek Chabraszewski; (4): Shutterstock.com/MaraZe; (5): Shutterstock.com/Martin Rettenberger; (6): Shutterstock.com/beats1; **S. 15** (oben, links nach rechts): Shutterstock.com/Cookie Studio; Shutterstock.com/mavo; Shutterstock.com/Cookie Studio; (unten rechts): Shutterstock.com/PhotoEd; **S. 18** (A): Shutterstock.com/Christian Mueller; (B): Shutterstock.com/Piyawat Nandeenopparit; (C): Shutterstock.com/Africa Studio; (D): BVG/Jörg Pawlitzke".; (E): Deutsche Bahn AG / Axel Hartmann; **S. 19** (Mitte): Shutterstock.com/Sina Ettmer Photography; **S. 20** (A): Shutterstock.com/Volodymyr Krasyuk; (B): Shutterstock.com/Vera Aksionava; (B): Shutterstock.com/cigdem; (C): Shutterstock.com/Africa Studio; (D): Shutterstock.com; (F): Shutterstock.com/Alexxndr; **S. 22** (A): Shutterstock.com/goodluz; (B): Shutterstock.com/g-stockstudio; (C): Shutterstock.com/Dudarev Mikhail; (D): Shutterstock.com/David Pereiras; (E): Shutterstock.com/YanLev; (unten rechts): Shutterstock.com/El Nariz; **S. 26** (oben): Shutterstock.com/Animaflora PicsStock; (unten): Shutterstock.com/mimagephotography; **S. 29** (5 A): Shutterstock.com/Halfpoint; (5 C): Shutterstock.com/Jaruwan Jaiyangyuen; **S. 31** (oben): Shutterstock.com/Africa Studio; (unten): Shutterstock.com/Andrey_Popov; **S. 32** (oben, von links nach rechts): Shutterstock.com/Robert Kneschke; Shutterstock.com/Satyrenko; Shutterstock.com/Dmitry Kalinovsky; (von links nach rechts): Shutterstock.com/DGLimages; Shutterstock.com/Solis Images; stock.adobe.com/Iakov Filimonov/JackF; **S. 33** (unten): Shutterstock.com/AshTproductions; **S. 34** (0): Shutterstock.com/AlenKadr; (1): stock.adobe.com/Uros Petrovic; (2): Shutterstock.com/Gulyash; (3): Shutterstock.com/baibaz; (4): stock.adobe.com/M. Schuppich; (5): stock.adobe.com/Klaus Hoffmann/orinocoArt; (unten rechts): Shutterstock.com/asmiphotoshop; **S. 35** (oben): stock.adobe.com/Cornelia Kalkhoff/Cornelia; **S. 36** (0): Shutterstock.com/Prostock-studio; (1): Shutterstock.com/George Rudy; (2): Shutterstock.com/Rades; (3): Shutterstock.com/triocean; (4): Shutterstock.com/Dmytro Zinkevych; (5): Shutterstock.com/Anatoliy Karlyuk; **S. 37** (oben): Shutterstock.com/Boris Stroujko; (unten): stock.adobe.com/Rainer Fuhrmann/Rainer; **S. 38** (links): Shutterstock.com/Dean Drobot; (rechts): Shutterstock.com/Aila Images; **S. 39** (links): Shutterstock.com/Dean Drobot; (rechts): Shutterstock.com/Aila Images; **S. 40** (Wetter-Icons): Shutterstock.com; **S. 41** (oben): Shutterstock.com/Kzenon; **S. 42** (unten links): Shutterstock.com/Max Topchii; (unten rechts): Shutterstock.com/iri.art; **S. 47** (Zeltplatz-Icon): Shutterstock.com/PedroNevesDesign; **S. 54** (1): Shutterstock.com/RedlineVector; (2): stock.adobe.com/Björn Wylezich/Bjoern Wylezich/Björn; (3): Shutterstock.com/Magdanatka; (4): Shutterstock.com/Wor Sang Jun; (5): Shutterstock.com/MDOGAN; (6): Shutterstock.com/oxinoxi; (7): Shutterstock.com/Praethip Docekalova; (8): Shutterstock.com/triocean; (9): Shutterstock.com/Vitaly Zorkin; (11): Shutterstock.com/Wiktoria Matynia